知ってる？

エドワード・R＝ウォリング
月沢李歌子［翻訳］

人生に必要な経営

50 Management IDEAS You really need to know

近代科学社

読者の皆さまへ

小社の出版物をご愛読くださいまして、まことに有り難うございます。おかげさまで、(株)近代科学社は1959年の創立以来、2009年をもって50周年を迎えることができました。これも、ひとえに皆さまの温かいご支援の賜物と存じ、衷心より御礼申し上げます。この機に小社では、全出版物に対してUD(ユニバーサル・デザイン)を基本コンセプトに掲げ、そのユーザビリティ性の追究を徹底してまいる所存でおります。本書を通じまして何かお気づきの事柄がございましたら、ぜひ以下の「お問合せ先」までご一報くださいますようお願いいたします。

お問合せ先：*reader@kindaikagaku.co.jp*

知ってる?

経営学の世界へようこそ

企業は人間によく似ています。思慮深い企業もあれば、貪欲で不道徳な企業もありますが、大多数はその中間です。どの企業も、成功し、稼ぎ、他企業に影響を及ぼしたいと望んでいます。そして、そのためにどうするべきかを考えます。知識が豊富で、自信があり、独自の力でそれを達成できる企業が少数ながらあります。他社の助言を喜んで受け入れる企業もあります。多くは、他社がどうするかを見て、その考え方を真似します。

本書はそうしたビジネス理論を集めたものです。企業が目的を達成するためにどうすればよいかという戦略もあれば、経営スタイルや組織論もあります。いかに競争力を獲得するか、従業員のやる気を促すか、品質の改善を図るか、リーダーはどうあるべきかといったことについては、さまざまな理論があるのです。

経営理論は商品です。革新的企業の慣行がもとになることもありますが、たいがいはビジネス・スクールで考案され、経営コンサルタントが商品として企業に売ります。企業がその理論を実践し、欠陥があれば、学者が微調整を行います。理論がすぐれたものであれば、このサイクルが繰り返されます。

経営理論には商品としての価値があり、新しく派手なものほど価値は高くなります。そして、賞味期限もあります。注目を集め、どの企業も必ず取り入れたものでも、宣伝ほどの効果がないと判断されれば消えていきます。すぐれたものは残り、時代に適応していきます。見かけ倒しだったり、飽きられたりして人気を失ったものでも、本質的な部分が受け継がれていくこともあります。学者やコンサルタントが顧客を得るため、また、企業の経営者が事業の成功を確実にするために、古い理論を新しいものへと構築し直すことはよく行われます。

企業経営が技術か科学かは理論が分かれるところです。科学は確実性を約束するものですが、現代の企業経営に確実なものはなく、だからこそ経営者はそれを強く望むのでしょう。変化し続ける世界では、どんな商品が売れるかという保証はないので、さまざまな新しい理論が生まれます。本書ではそうしたビジネス理論を紹介します。

目次

知ってる?

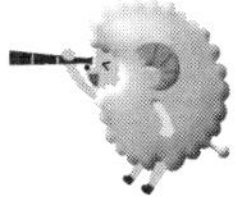

知ってる?

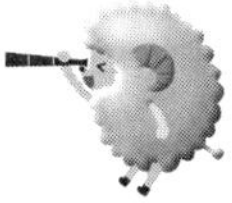

＊本書では、よりわかりやすくするために、
ところどころ訳を変更した部分がございます。
また、各章のタイトルやまとめの一言、図版の一部は、
読者の皆さまにより興味を持っていただくことを意図して、
日本語版独自の構成となっております。（編集部）

人生に必要な
経営

50 Management IDEAS You really need to know

知ってる?

成功を生む
未来型の組織とは?

アドホクラシーとは、官僚組織《ビューロクラシー》と正反対の
組織のことです。柔軟性に富み、権力が分散され、
対応力にすぐれていると考えられています。
ビューロクラシーでは個人よりも組織が優先されますが、
アドホクラシーでは、一人ひとりの力が
最大限に生かされます。

timeline

1450
イノベーション
(技術革新)

1920
分権化

賢人の言葉

アドホクラシーは秩序だった混沌である。

――アルビン・トフラー（1970年）

オックスフォード・ビジネス経営学辞典には次のような説明があります。「ビューロクラシー（官僚組織）は、大量の仕事を決まった手順で処理するための階層型の組織で、厳しく非人間的な規則があることが多い。永続性と安定性があり、経験と慣例を重視し、個人に依存しないのが特徴である」アドホクラシーは、こうした組織とはまったく異なります。

アドホクラシーという言葉が最初に登場したのは、リーダーシップ論者ウォレン・G・ベニスの著書『一時的社会』(1968年 フィリップ・スレーターとの共著) でした。ベニスは、未来の企業では融通性や柔軟性の高いプロジェクトチームが大きな役割を果たすと考え、そうした組織をアドホクラシーと呼んだのです。もとになった語の「アドホック」とは、ラテン語で「特別な目的のための」という意味です。

アドホクラシーの概念は、アルビン・トフラーが1970年に著したベストセラー『未来の衝撃』(徳山二郎訳、中央公論新社など) で一躍注目を浴びました。トフラーは、アドホクラシーを自由で新しい動的な組織と考え、企業が生き残るには上下関係があまり強くない組織、迅速な情報の伝達、解散可能なプロジェクトチームが必要になるだろうと予測しました。その言葉に引かれたのがヘンリー・ミンツバーグです。ミンツバーグは、マネジャーたちが時間をどのように使っているかを調査したことで有名です。また、組織構造に対する考察でも知られています。彼は『組織の構造化』(共著) で、環境（単純か複雑か）と変化の速さ（遅いか速い）によって、企業を4つの型に分類しました。機械的官僚組織、専門家的官僚組織、起業家による新事業、アドホクラシーです。調整メカニズムも、意思決定権が行われる場所もそれぞれ異なります。

1968
アドホクラシー

2004
Web2.0

機械的官僚組織

高度に専門化され、定められた仕事を機械的に行います。きちんとしたプロセスが存在し、規則や規律が自発的に作られ、情報伝達は形式どおりに行われます。企業規模は大きく、意思決定の多くは中央で行われます。また、ミンツバーグがテクノストラクチャーと呼んだ管理者や計画者や会計士などがたくさんいます。調整メカニズムはプロセスと生産品の標準化で、技術系出身の管理者がその責務を担っています。ゼネラルモーターズ（GM）など。

専門的官僚組織

個々の仕事の独立性が強く、高度に専門的な技術を身につけた人が、経営の核となり大きな影響力をもちます。機械的官僚組織と同じように規則はありますが、機械的官僚組織では規則が独自に作られるのに対して、専門的官僚組織の規範（すなわち調整メカニズム）は、組織外からの影響を多く受けます。病院や大きな会計事務所などがそうです。

起業家による新事業

創業者や重役が大きな力をもちます。直接的な管理や支配が調整メカニズムなので、上司や経営陣の影響力が大きくなります。柔軟で、形式張らず、忠実な社員が多いのですが、計画性に欠けることもあります。創業間もない企業の多くがこの段階を経験します。

アドホクラシー

機械的官僚組織とはまったく異なります。また、自由度は起業家による新事業よりも大きく、社員一人ひとりの責任も専門的官僚組織より拡大されます。小規模なプロジェクトチームが市場に応じて形成され、チームに属するスペシャリストには自主性が与えられます。イノベーションと独創性が事業の核となるので、規範や規律といったものはあまり重視されません。調整はそれぞれのチームが行うので、ひとつの部署に権力が集まることはありません。現代のIT、広告、ニューメディア業界では、アドホクラシー型企業が多くあります。

賢人の言葉

古典的経営理論からもっとも遠いところにあるのがアドホクラシーである。
――ヘンリー・ミンツバーグ（1979年）

ミンツバーグはアドホクラシーを、業務的アドホクラシーと管理的アドホクラシーに分類しました。イノベーションや問題解決のプロジェクトなどを顧客のために行うのが業務的アドホクラシーで、自らの組織のために行うのが管理的アドホクラシーです。管理的アドホクラシーの例はNASA(アメリカ航空宇宙局)です。専門性の高くない業務は、自動化やアウトソーシングによって行われます。

アドホクラシーの概念は今日も健全です。『エクセレント・カンパニー』(大前研一訳、英治出版など)の共著者ロバート・ウォーターマンは1990年に『アドホクラシー――変革への挑戦』(平野勇夫訳、阪急コミュニケーションズ)を出版し、アドホクラシーは、官僚主義を打ち破り、機会を捉え、問題を解決し、好結果を出す組織だ、と述べています。また、変化の速い今日において、成功するのは、柔軟性や適応能力にすぐれたアドホクラシー型の組織だと考えています。

ミンツバーグの組織

	単純	複雑
静的	**機械的官僚組織** 業務の標準化 プロセスと結果	**専門的官僚組織** スキルと基準の 標準化
動的	**起業家による新事業** 直接的管理	**アドホクラシー** 相互による調整

クローバー

経営理論やイノベーションの中心となるのは常にアメリカ人である。世界の大企業の多くがアメリカにあり、その結果、同国が世界最大の市場になるからだ。しかし、石油会社シェルの元重役であり、ロンドン・ビジネス・スクール教授のチャールズ・ハンディなど、イギリスからも傑出したビジネス思想家が現れることがある。ハンディはシャムロック型組織という考え方を提唱した。『ビジネスマン価値逆転の時代』（平野勇夫訳、阪急コミュニケーションズ）で、シャムロック型組織とはアドホクラシーの次世代組織であり、柔軟性に富み、細分化された現代的な企業と説明されている。ハンディはシャムロック型組織に属する人々を以下の3つに分類した。

1　核となる正規雇用のマネジャーや管理者

・給与が高い
・勤務時間が長い
・人数はそれほど多くない

2　スキルを有する契約社員

・企業が必要なときに雇用される
・福利厚生費などのオーバーヘッドコストがかからない
・賃金は業績に対して支払われるが、その方法は雇用企業の管理外
・勤務時間の長さよりも成果が重視される
・企業は必要なときに雇用する

3　パートタイマーや一時雇用の社員

・賃金が低い
・流動的な労働力
（サポート業務は賃金の高い正社員ではなく、こうした社員が行うほうが企業にとって好都合）

賢人の言葉

1枚岩の組織は崩壊し、わたしたちはテントのような世界に追いやられている。
——チャールズ・ハンディ（1999年）

シャムロック型組織を構成する人々

まとめの一言

ビューロクラシー（官僚的組織）とは正反対の組織

知ってる？

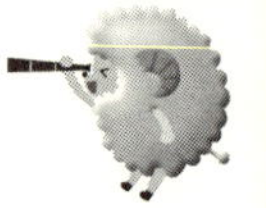

企業を あらゆる面から 見ることができれば？

企業経営がチームスポーツなら、
ストラテジー（戦略）は、新聞で褒め称えられるような
プレーをするヒーローと考えることができるでしょう。
しかし、戦略は成功しなければ意味がありません。
成功には、チームのために目立たない
働きをする選手、つまり成績評価や管理も
重要です。そのために導入されたツールが
バランス・スコアカードです。

timeline

1965
企業戦略（コーポレートストラテジー）

賢人の言葉

バランス・スコアカードはあなたの企業の戦略を示している。Aを行えば、Bが起こると
あなたが信じているなら、その戦略が機能しているかを
フィードバックから分析し、仮説を検証しよう。Aを行えば
Bが起こるかを常に問いかけるのである。
——デビッド・ノートン（2001年）

バランス・スコアカード（BSC）は、1992年、ハーバード・ビジネス・レビュー誌の記事において、ロバート・キャプランとデビッド・ノートンによって初めて紹介されたもので、企業の戦略を数量的な目標に分け、その達成度を測るツールです。まず、ビジョンを明確にし（ミッションステートメントなどを作ることも多い）、戦略を策定し、さらに戦略マップにまとめます。評価測定のツールであるマップがバランスのとれたものであるために、バランス・スコアカードと呼ばれているのです。

キャプランはのちに著作のなかでBSCについて簡潔に説明しています。財務的指標は進路を決めたり、株主を安心させたりするのに必要ですが、ほかにも4つ大切なことがあるというのです。

財務の視点——株主からどう見えるか？

財務実績は、企業が存続し、株主を満足させるための基本的なものであり、その情報が不足している企業はほとんどありません。総資産利益率、（商品等の）単位当たり原価、キャッシュフロー、市場占有率、利益成長率といった指標は、企業の発展に重要な影響を及ぼします。キャプランとノートンもこうしたデータの重要性について否定はしていません。しかし、あまりに重視されすぎることを指摘し、財務データは過去のものにすぎないと強調しました。過去に起こったことを説明しても、現在起こっていることについてはなにも示していないというのです。これは例えば、金融広告にある過去の業績が未来の成功を保証するものではないのと同じです。

顧客の視点——顧客からどう見えるか？

キャプランとノートンは、企業が成長段階にあるときには顧客の視点がより重要であること、新規顧客の獲得は既存客をつなぎとめるよりも費用や労力がかかるのを意識することが必要だと述べています。当時、どの企業も顧客満足を口にするようになり、顧客関係管

1985
バリューチェーン

1990年代
顧客関係管理

1992
バランス・スコアカード

理が経営手法の次の流行になる兆しを見せていました。今日でも顧客への配慮は重要視されています。顧客の視点から企業を見るには、企業が商品やサービスによって顧客をどれだけ満足させているかを測らなくてはいけません。その測定には、顧客満足度、顧客定着率、レスポンス速度、評判などが基準となります。

賢人の言葉

書き表すことができれば、実現できる。
——デビッド・ノートン(2001年)

業務プロセスの視点——効率的に行われているか?

これは企業を動かすプロセスの効率性を自ら評価することです。製造業に従事する企業では、ストップウォッチやクリップボードを持った人々の姿をよく目にします。評価基準は業種によって異なりますが、一般的に、製品の質の高さ、新商品を市場に出すまでの時間、在庫管理などが対象になります。「自分たちの強みはなにか」を考えなければならない場合もあるでしょう。

学習と成長の視点——いかに変わり、改善できるか?

従業員の成長のためにどれだけの投資をするかという視点からこの問いに答えることによって、将来の成長度を測ることができます。“学習”とは研修のことだけではありませんが、研修も含まれます。また、何時間の研修を用意するか、何人の従業員を参加させるか等も評価の尺度となります。さらに、キャプランとノートンは、メンターによる企業内指導制度や、従業員同士が助け合うことができるざっくばらんなコミュニケーショを推奨しています。イノベーションもこの分野に含まれると考える人もいます。その場合、研究開発費の売り上げに対する割合や、新製品の売り上げに対する割合なども評価の尺度になります。

こうした4つの観点からデータをまとめると、財務に偏ったものではなく、バランスのとれた評価ができます。評価と戦略をいかに結びつけるかは、なにを評価指標とするかによって決まります。しかし、スコアカードの役割は評価指標に留まりません。評価をとおして、企業の実態をより明確にとらえることができるようになるため、より効率的な経営や賢明な判断の助けとなるのです。

キャプランとノートンは、経営手法と同様に評価システムが大切だと

賢人の言葉

財務的視点は常にスナップショットでしかない。
そこには、原因と結果という時間をもとにした論理が表されていない。財務的視点では、さまざまな資産をいわゆる〝戦略のレシピ〟として活用することが出来ない。
――デビッド・ノートン（2001年）

主張しました。評価できないものは改善できない、というのが彼らの主張です。スコアカードの結果は、戦略の実施や戦略自体の作成に活用されます。

バランス・スコアカードは今日でも大企業で広く使われ、公共事業や非営利団体でも支持者を増やしています。業績評価は、それだけで終わらせてはいけません。グッドハートの法則が示すように、評価は目標ではなく分析の一助とすべきなのです。正確でなくても、なにが起こっているかを示すものである必要があります。

キャプランとノートン

バランス・スコアカード（BSC）はもっとも人気がある経営手法のひとつで、「フォーチュン1000」に名を連ねる企業の40パーセント以上がこの手法を用いているというデータもある。
ロバート・S・キャプランとデビッド・ノートンは、企業がBSCの考え方を導入する手助けをした。1984年からハーバード大学ビジネス・スクールの教授を務めるキャプランは、2005年、フィナンシャル・タイムズ紙が選ぶ25人のビジネス思想家のひとりに選ばれた。ノートンは企業コンサルタントで、キャプランとともにBSCoIを経営している。
『キャプランとノートンの戦略バランス・スコアカード』（櫻井通晴訳、東洋経済新報社）で、２人はバランス・スコアカードを戦略経営システムへと改善し、戦略マップと呼ばれるものを導入した。BSCの４つの視点を１枚の図表で表すことで、企業がいかに価値をつくりだしているかを示すことができる、とキャプランは述べている。

まとめの一言

効率的な経営や賢明な判断の助けとなる

CHAPTER 03 ベンチマーキング

他企業に追いつき他企業を追い越すためには？

あなたよりも成功している人がいるなら、その人が何をしているのか、その人から学べることはないか、と思うのではないでしょうか。アメリカの製造企業は、日本企業に市場を奪われつつあるのに気づいたとき、まさにそうしました。これがベンチマーキングです。大企業のあまりに多くがその手法を取り入れたため、いまでは警鐘を鳴らすビジネス思想家もいるほどです。

timeline

1940年代
リーン生産方式

1951
総合的品質管理（TQM）

アメリカの大企業で初めてベンチマーキングの手法を取り入れたのは、ゼロックスだと言われています。市場の競争が激化しつつあった1970年代、同社は、生産、販売、サービスなどすべての重要部門を、国内外の競合他社と比較評価しました。速さ、経済性、効率性などで、他企業のほうがすぐれていれば、少なくともそれに追いつこうと決め、そうすることによって業績を伸ばしました。その話が伝わり、ベンチマーキングという考え方が広まるようになったのです。

その他に有名なベンチマーキングの例として、1985年から90年まで行われた国際自動車研究プログラムがあります。マサチューセッツ工科大学が、ヨーロッパや日本の自動車メーカーの協力を得て、なぜ日本企業が成功しているのかを分析しようとしたのです。その結果、リーン生産方式（152ページ参照）の採用が理由だという結論に達しました。

ベンチマークは業績の指標として、生産効率、欠陥品出現頻度、電話の応対など、どんなことにも用いることができます。まず自分たちの業績を評価し、その後、他社と比較して、他社のほうがすぐれているのであれば、それと同程度、望ましくはそれを上回ることを目指すのがベンチマーキングの考え方です。日本にはベンチマーキングに対応する言葉はありませんでしたが、より良いものをめざして常にこうしたことを行っていました。一時期、アメリカやヨーロッパの見本市では、若く、礼儀正しい日本人の集団が熱心にメモを取っているのが必ず見られたものです。

社内や競合他社を対象としたベンチマーキング

ベンチマーキングにはさまざまなものがあります。企業内の各拠点のサービス部門が保証クレームにどのように対応しているかを比べるのはインターナル・ベンチマーキング（内部比較）です。競合する企業と比較するエクスターナル・ベンチマーキング（外部比較）はより難しく、より効果的と考えられます。直接競合している企業は情報をなかなか提供したがらない場合もありますが、医療関連企業などは、業界全体の利益を考えてより協力的な傾向があります。

業界を越えたベンチマーキング

業界外の企業をベンチマークにすれば、より容易に、より有効的に新しいことが学べます。他の業界を見ることによって視野を広げ、NIH（自前主義）症候群に陥るのを防ぐことができるからです。アスコット競馬場やウェンブリー・スタジアムと情報を交換したイギリス空港運営会社BAAは、他業種の企業をベンチマークに設定した典型的な例です。これによって、BAAは短期間に集中する到着や出発客に対応するための、より良い方法に気づくことができました。

ベンチマーキングの実行

ベンチマーキングは、概ね次のようステップで行います。

1．ベンチマーク（比較対象）とする相手を選ぶ

比較範囲はあまり広くせず、何を比較するのかを明確にする。いかなる項目もベンチマーキングによって評価すべきだという意見もあるが、時間や人件費の点からその意見は少数派になりつつある。ベンチマーキングを行うには前述の通り費用がかかるので、経営上層部が一緒に取り組むことが重要だ。

2．チームを選ぶ

2、3人といった小さなグループを好む企業もあれば、より大きなチームで行う企業もある。提案を承認してもらうために、ある程度上の地位にある者が参加することが好ましい。機密保持の必要性が高かったり、企業にあまり経験がなかったりするときは、外部のコンサルタントを使うことも有効である。いずれの場合も、まず、自社の業務プロセスを最初から最後まで分析することから始める。驚くべきことが明らかになる場合もあるので、業務プロセスの分析自体も有益である。

賢人の言葉

最良事例を模するのは効率的かもしれないが、競合相手との差別化が図れなくなる。
——ニコライ・シグロウ（2006年）

3. パートナーを選ぶ

有名で魅力的な企業はベンチマークとされるのにうんざりしているので、簡単にはいかないこともある。評価方法や評価すべき部署を決め、データを集める。レポートにはパートナーの業務慣習、組織構造、プロセスなどについて、自分たちと異なるものをすべて含める。その結果を分析し自分たちとの「ギャップ」を把握する。

上記の結果をもとに、**アクションプランを立てます。**プロセスを改善し、それを実行するために何ができるかを明確にします。パートナーはおそらく更なる改善を重ねているので、計画は現在のギャップを埋めるだけでなく、さらにその先を目指す必要があります。

ベンチマーキングへの反対論

あまりにも多くの企業がベンチマーキングを標準的な手法として取り入れるようになったために、弊害を訴える者もでてきました。彼らは経営者は他社との比較に時間を費やすよりも、企業の基本はなにかを考えるべきだと言います。

ウォートン・ビジネス・スクールのダニエル・レヴィンサールは、ベンチマーキングは、価値ある強力な手法だと認めながら、他社の方針や業務慣習を真似することには危険が伴うと警告しています。企業の各部門は、補完し、強化しあう相互依存の関係にあり、そうした関係をうまく管理できる企業が競争力を長期間維持し続けられるからです。

ベンチマーキングは、まったく異なるものを、業種を問わず、外部から導入するという考え方にもとづいています。しかし、他企業の、例えば人事部のもっともすぐれた慣習だと思われるものを取り入れても、自分たちの企業には合わなかったり、機能しなかったりすることもあるでしょう。選んだ戦略の一貫性を失うことになるかもしれません。また、戦略の融合が起こり、差別化が図れなくなる（コンバージェンス）という批判もあります。ハーバード大学経営学教授マイケル・ポーターは、差別化が図れない企業は競争力を失うことになるだろうと言っています。

ベンチマーキングの注意点

ベンチマーキングがどこよりも盛んなのはオーストラリアだ。特に、納期短縮のために、ピザ店をベンチマークにしたコンクリート納入業者の事例が好まれている。メルボルンにあるベンチマーキング・プラス社は、ベンチマーキングを行う際の注意点を次のように説明している。

1 ベンチマーキングと単に他社と比較することとを混同してはいけない。

他社を調査することであなたの企業の業界内順位がわかるかもしれないが、それだけでは順位を変えることはできない。ベンチマーキングは、なぜその順位にいるのかを明らかにする手法なのである。

2 ベンチマーキングと調査とを混同してはいけない。

ベンチマーキングは、現在使っているプロセスを評価するものである。新しいプロセスを構築するために他社を参考にしているのであれば、それは調査だ。

3 ベンチマーキングはやりすぎてはいけない。

プロセスがいくつかの作業の集合体で、プロセスの組み合わせがシステムだとすれば、システム全体をベンチマークと比較するのは避けたほうがよいだろう。時間や費用がかかりすぎるし、焦点が絞りきれなくなるからだ。

4　適切なパートナーを選ぶことは大変重要である。

ベンチマークにする企業は十分に研究してから選ぼう。相手の時間も、自分たちの時間も無駄にしないように。

5　すべきことを怠ってはいけない。

自社のプロセスをよく知り、パートナーからなにを学びたいかを事前によく理解しておくこと。

6　関係のないことにまで範囲を広げないように注意しなくてはいけない。

企業全体の目標からはずれていたり、現段階の構想の範囲外だったりするものをテーマにしないように注意する。

まとめの一言

自社の活動を測定・評価し、他社と比べてみるのもひとつ

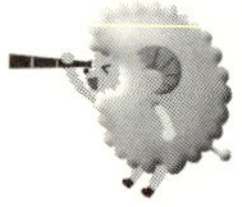

CHAPTER 04 ブルーオーシャン戦略

青い海を航海すれば?

企業が夢見る戦略は、皆に望まれ、
他社が提供できない新製品を開発することです。
しかし、それは言葉でいうほど簡単なことではありません。
では、どうすれば実現できるでしょうか。
W・チャン・キムとレネ・モボルニュはその答えとして、
ブルーオーシャン戦略を提唱しています。
赤い血の海を抜け出し、穏やかで汚染されていない
青い海へ泳ぎだそうというのです。

timeline

1450
イノベーション

1924
市場細分化

1965
企業戦略(コーポレートストラテジー)

マイケル・ポーターの登場以降、企業の大半は競争に勝つための戦略を構築してきました。しかし、差別化やコストリーダーシップ戦略によって競争力を得るという考え方は、いまでは当たり前のものとして考えられ、どの企業もそれに取り組んでいます。戦略および業務のベンチマーク分析によって得られるのは、差別化ではなく、国際的規模の画一化です。日用化された商品の供給過剰によって需要の落ち込みやブランド忠実度の低下が起これば、価格競争や利益幅の縮小につながります。企業はこうした限りある既知の市場——レッドオーシャン(赤い海)——を奪い合っているのです。それに対して、ブルーオーシャン(青い海)は、未知の、競争が存在しない市場です。自らそうした市場を創出する企業もありますが、レッドオーシャンで動きがとれずにいる企業にもチャンスはある、とインシアード・ビジネス・スクールの教授であるキムとモボルニュは主張します。2004年、2人はこの戦略を『ブルーオーシャン戦略』という論文で発表し、翌年、いかにそれを実践するかについての本を出版しました。

新しいサーカス

ブルーオーシャン戦略の輝かしい例は、カナダを本拠地とする大人のためのサーカス、シルク・ド・ソレイユです。シルク・ド・ソレイユが結成された1984年当時、サーカスは斜陽ビジネスでした。子どもたちをテレビゲームに奪われ、動物愛護団体の批判も厳しくなっていました。そこで、シルク・ド・ソレイユは競争に勝とうとするのをやめました。有名な(そして契約料が高い)道化師を確保するのではなく、新しい顧客層のための新しい市場を作ったのです。新しい客はより高い入場料を喜んで払ってくれました。シルク・ド・ソレイユは、結成以来、4千万人の動員を記録しています。

ファストフードのように迅速に、なおかつ質の高い食事を提供するプレタ・マンジェ、女性専用格安スポーツクラブ・チェーンのカーブス、1960 年代にストリート・ファニチャーを考案し、屋外広告を盛んにしたジェーシードゥコーも、自らブルーオーシャンを創出した企業です。他社が追随できないビジネスを提供する戦略を、キムとモボルニュは、バリューイノベーション（価値の革新）と呼んでいます。

バリュー（価値）は通常、ゆっくりと形成されますが、イノベーションはテクノロジー主体で起こり、ときに未来志向が強すぎるために消費者に簡単に受け入れられないこともあります。一方、バリューイノベーションは、消費者や企業にとって大きな価値を創出することによって競争を超越します。バリューイノベーションはイノベーションを実用性、価格、費用と結びつけて、価値あるものを作り出すのです。ポーターのいう差別化か低価格かといった選択ではなく、どちらも同時に追求します。

賢人の言葉

競合相手に追いつくための戦略では、独創性を失う。
――W・チャン・キムとレネ・モボルニュ（2005年）

航海のための指南書

ブルーオーシャン戦略には次の4つの原則があります。

1　市場の境界線を引き直す

競合他社が目をつけていない青い海を見つけるために、代替市場、現在の顧客層と正反対の顧客、補完的なサービス（保守のアフターサービスなど）、感情に訴えるもの、機能的にすぐれているもの、流行を予期して時を超えるものを見てみる。

ジェット機のフラクショナル・オーナーシップ（共有共用方式）を創設したネットジェッツは、多額の費用を払ってジェット機を所有しなくても、ファーストクラスで旅行ができるような仕組みを考えだした。ホームデポは室内装飾のためのアドバイスを工務店よりも低価格で提供し、既存の代替市場を見つけた。日本で登場したQBハウスは、感情や感性が重視され、時間と金がかかる散髪を、機能のみを追求して素早く安く仕上げている。スウォッチは、機能重視の手頃な価格の時計を、感情や感性重視のファッションアイテムに変えた。

2 数字ではなく全体像を見る

キムとモボルニュは財務諸表や予算に振り回されずに、どのように"戦略キャンバス"を描くかについて述べている。

3 新たな需要を掘り起こす

既存の顧客を追い求めるのではなく、新しい顧客層に注目する。キャロウェイ・ゴルフは、ゴルフボールを打つのは難しいから、とゴルフを敬遠する人が多いのに気づき、通常よりもヘッドが大きいゴルフクラブを作った。

4 正しい順序で戦略を考える

買い手にとっての効用はどうか、価格はどうか、コストはどうなるか、実現性はあるのか、ということについて着目し、順序を追って考える。

次のページで示す順序に従って、戦略を築く。ひとつでも「ノー」という答えがあるなら、再考してみよう。

キムとモボルニュは、理論とともに、いかにブルーオーシャン戦略を実行するべきかも説明しています。ブルーオーシャン戦略が方法論として定着するかどうかはわかりませんが、ポーター以後の時代の研究に輝かしい貢献をしているのは確かです。

賢人の言葉

レッドオーシャンに注力すれば、成功のために限られた領土内で敵を倒すという、戦いにおける主な制約要因を受け入れなければならない。
――W・チャン・キムとレネ・モボルニュ（2005年）

買い手にとっての効用

買い手にとってあなたの商品が他からは得られない効用をもたらすかどうか。効用とは必ずしも驚くような技術のことを指すのではない。

NO → 再考

YES ↓

価　格

多くの顧客に簡単に手が届く価格かどうか。新商品の値段を最初は高めに設定し、その後、価格を下げていくのがこれまでの手法だった。（これはスキミングと呼ばれる）。しかし、ブルーオーシャン戦略では、ターゲットとする顧客層を引き付けることができるのはどの価格帯かを最初から見極める必要がある。大量販売によってより大きな利益が生まれ、顧客にとっては、多くの人がそれを使っていること自体が価値になる。

NO → 再考

YES ↓

コスト

コスト目標を達成し、戦略的な価格で利益をあげることができるかどうか。

NO → 再考

YES ↓

実現性

実現にはどんなハードルがあり、それを解決するためになにをしなくてはならないか。ブルーオーシャン戦略の実現には大きな変化が伴うので、従業員や取引先や一般消費者から反発が起こる可能性もある。

NO → 再考

再　考

賢人の言葉

バリューイノベーションは、ブルーオーシャンを創出し、競争からの解放を実現する戦略を実行するための新しい考え方である。
——W・チャン・キムとレネ・モボルニュ（2005年）

分布の要因

ビジネス思想家はイノベーションを素晴らしいものと褒め称えるが、イノベーションは他社を倒産に追い込むこともある。市場を独占する商品に壊滅的な打撃を与える技術は、ディスラプティブ（破壊的）技術と呼ばれる。

ハーバード大学教授のクレイトン・クリステンセンは、『イノベーションのジレンマ—技術革新が巨大企業を滅ぼすとき』（玉田俊平監修、伊豆原弓太訳、翔泳社）で、破壊的イノベーションにはさまざまな形があると指摘している。ひとつは「ローエンド破壊」で、既存の商品が顧客の要求を超えている市場で、利益率は小さいが適度な品質の新商品を売り出すことだ。例えば、初期のデジタルカメラは、画質はあまり良くなかったが、低価格だった。破壊者は、それを足がかりに、利益率を改善し、品質を改良する。既存商品の提供者は低品質・低価格の市場は大きな利益をもたらさないために、シェアを必死で守ることはせず、より価値が高い顧客向けの商品に注力するようになる。しかし、破壊者の品質が改良され、最も利益率が高い市場の顧客も満足させるようになると、そうした市場も縮小していく、とクリステンは言う。

新市場の破壊者の商品は、既存ものよりも品質が劣ることが多いが、新興市場セグメントに適している。Linuxが良い例だ。また、既存企業が古い技術への投資を守ろうとして、破壊者を重要視しないこともある。サンフランシスコ港がオークランド港に遅れをとったのは、より効率的なコンテナ輸送システムへ対応しなかったためだ。

まとめの一言

競争を超越できる

CHAPTER 05 ボストンマトリックス

あなたは
スター？ 負け犬？
それとも…？

ボストンマトリックスは、数ある経営ツールのなかで、マーロン・ブランドのような存在といっていいでしょう。才気あふれ、敬意を払われながら、誤用され、信頼性も低い一方で、適切な役割を与えれば輝きだします。成長／市場マトリックスと呼ばれることもあり、「戦略のためのもっとも強力な2つのツールのうちのひとつ」というビジネス著作家もいます。

timeline

1920
分権化

ボストンマトリックスは事業構成を分析し、さらなる成長のために投資するか、現状を維持するか、売却するかなど、どのように再編成するかを決めるために使用されるものです。1960年代、ボストン・コンサルティング・グループ（BCG）のブルース・ヘンダーソンが開発したため、BCGマトリックスとも呼ばれます。「もっとも強力」と呼ばれるもうひとつのツール「経験曲線」(110ページ参照）も、彼と同僚が作ったものです。

マトリックスは、数学では解を導くための数字が並んだ表を指します。また音楽用のソノシートや印刷活字を鋳造するための金属字型もマトリックスと呼ばれていました。ボストンマトリックスは、企業の戦略のスナップショットを浮き彫りにし、将来の方向性を決めるために使われます。

ボストンマトリックスでは、まず企業を戦略的事業単位（SBU）に分けます。子会社、事業部、ブランドなど、顧客層や競合先を有する単位であればなんでもSBUになります。それぞれのSBUがマトリックスのどこに位置するかは2つの変数によって決まります。2つの変数とは、SBUの市場内での強みと市場自体の魅力度です。

マトリックスの横軸は、SBUの相対的な市場占有率です。市場占有率が10％、最大の競合先が40％なら、相対的市場占有率は25％(0.25)になります。逆の場合は400％です。縦軸は市場の成長率です。

ヘンダーソンがこの2つの変数を選んだのは、現金の流入と流出の大きさを見るためです。相対的市場占有率が大きくなればコスト優位性が生まれるので、現金の流入も増えます。急成長する市場は設備投資が必要となり、現金の流出も増えます。この原則をもとにSBUを分析するのです。

SBUは2×2の4マスによって構成されたマトリックスを用いて次の4つに分類されます。

金のなる木

成熟した（急激な成長は見込めない）市場で大きな占有率を持つSBU。現金の流出よりも流入が多いため、ここに分類されるSBUへの投資はできるだけ抑えて現金を作り、それを問題児に分類されるSBUの強化、スター（花形）に分類されるSBUへの投資、新事業の設立、株主への配当に充てる。

スター（花形）

急成長する市場で、相対的に大きな市場占有率を持つSBU。現金の流入は多いものの市場が成長しているので、相対的市場シェアを維持し続けるために多くの資金を投入しなければならない。シェアを維持することができれば、市場の成長が鈍化したときは金のなる木に転じる。シェアを維持することができなければ負け犬になる。

負け犬

ヘンダーソンが「ペット」と呼んだＳＢＵ。成長が減速および停滞する市場で、相対的占有率が小さく現金流出は少ないものの、現金流入も利益幅も小さい。理論的には、売却し、その資金をスター（花形）や新規事業にまわすべきということになる。しかし、負け犬と呼ばれる事業（大半のSBUは負け犬に分類される）でも、金のなる木に変えることができる、という批判もある。

問題児

最も扱いが難しいSBU。市場は魅力的で成長を続けているものの、市場占有率が低く、市場が成長しているために資金投入が必要とされる一方で、収益はそれほど大きくないからだ。問題児に分類されるSBUのどれに資金を投じて市場占有率を伸ばし、スターへ変えるかを判断しなければならない。

賢人の言葉

ペット（負け犬）は必要ない。成長局面でリーダーの地位を獲得できなかったか、撤退して損失カットに失敗したかのどちらかだからだ。
――ブルース・ヘンダーソン（1970年）

ボストンマトリックス

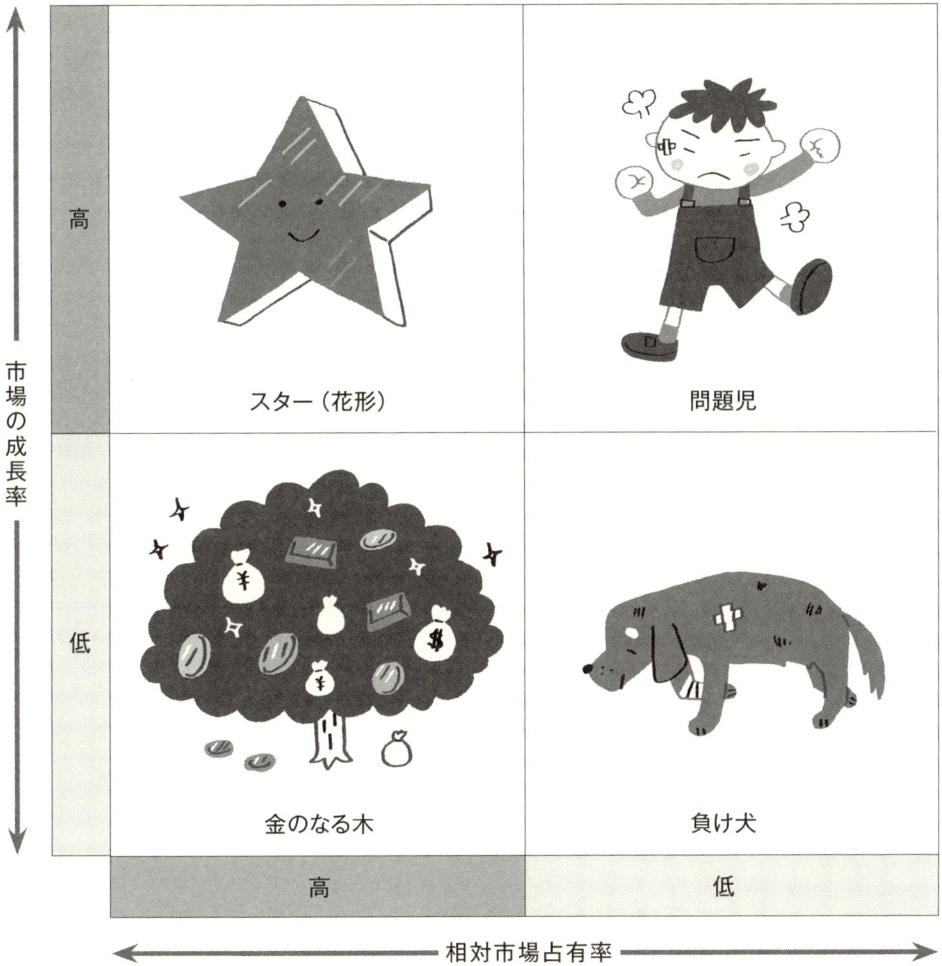
高
低
市場の成長率
スター（花形）
問題児
金のなる木
負け犬
高
低
相対市場占有率

ボストンマトリックスの登場により、1970年代のビジネス界は、中央による戦略策定、合理化、多角化が推進されました。しかし、1970年代半ばのオイルショックや、それに続く景気の後退により、中央集権化や多角化の弱点が明らかになり、BCGマトリックスは必要以上に批判されることになったのです。

成長率は市場の魅力のひとつにすぎず、相対的市場占有率は競争力の一部を示すだけですが、ボストンマトリックスで考慮される要素はそれのみです。また、負け犬には厳しい判断がくだされます。しかし、負け犬が他の事業部を助けることもあるし、市場の線引きが変われば、負け犬でなくなることもあるはずです。

とはいえ、ボストンマトリックスが企業の実態を見極めるプリズムとなり、少なくとも、戦略決定論議の第一歩に役立つのは間違いありません。マーロン・ブランドの登場で映画が大きく変わったように、ボストンマトリックスの登場でビジネス界も大きく変わったのです。

もうひとつのマトリックス

当時、巨大な中央指令型組織であったゼネラルエレクトリック（GE）社は、コンサルタント会社マッキンゼー＆カンパニーの協力を得て、ボストンマトリックスを改良したGEグリッドを考案した。GEグリッドはより詳細で、洗練されたもので、相対的市場占有率のかわりに、相対的ブランド力、顧客ロイヤルティ、販売力、イノベーション、資金調達力といったより広い意味での競争力が用いられた。また、市場成長率のかわりに市場の魅力度が用いられ、市場規模、利益率、価格トレンド、差別化の可能性なども考慮された。ボストンマトリックスは２×２の４マスの表を使うが、GEグリッドは３×３の９マスを用いる。評価は「高・中・低」の３つである（次のページの図を参照）。

賢人の言葉

問題児は金を注がなければ、弱まり、死ぬ。

――ブルース・ヘンダーソン（１９７０年）

賢人の言葉

すべての商品は最後には金の成る木かペット（負け犬）のどちらかになる。

——ブルース・ヘンダーソン（1970年）

GEグリッド

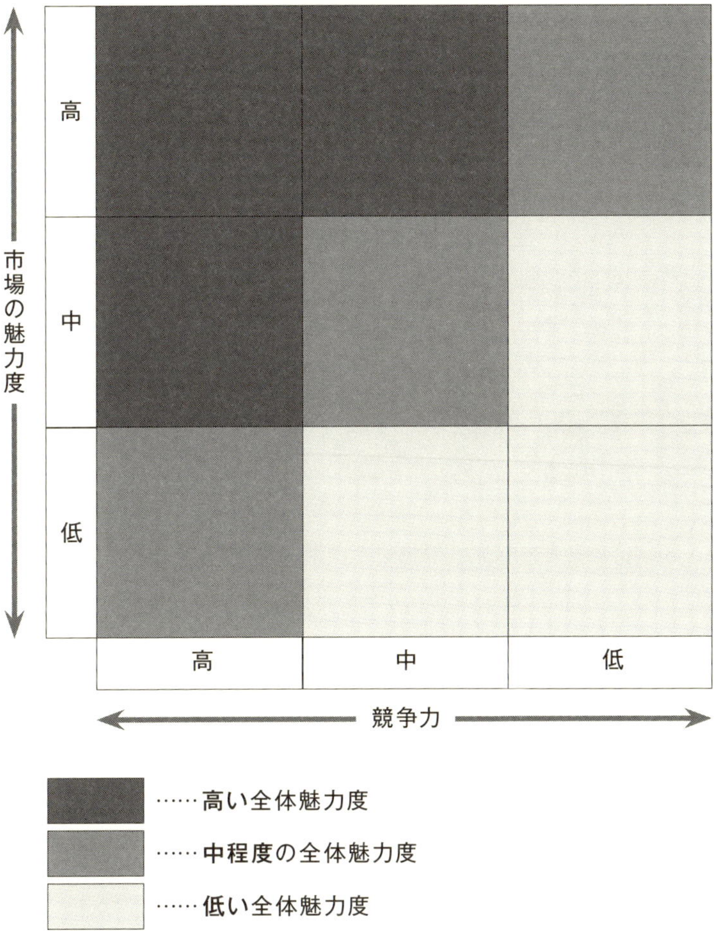

まとめの一言

事業の戦略を見極める

CHAPTER 06 BPR
（ビジネスプロセス・リエンジニアリング）

顧客のニーズに対応するためには?

BPR（ビジネスプロセス・リエンジニアリング）は
1990年代に注目された経営手法です。
熱狂的な支持はなくなりましたが、もとになる原則には
説得力があります。特に、古いやり方に固執しがちな
大企業で用いると有効でしょう。

timeline

1911
科学的経営

1951
総合的品質管理（TQM）

1954
目標管理（MBO）

1993年、マイケル・ハマーとジェイムズ・チャンピーが『リエンジニアリング革命――企業を根本から変える業務革新』(野中郁次郎訳、日本経済新聞社)を著してから、BPRの考え方が広まりました。ハマーは、BPRは産業革命を覆すようなものだ、と好んで言いました。新情報化時代の顧客のウォンツ(欲求)やニーズ(必要性)は常に変化しているのに、企業の多くは固定化されたやり方でそれに対応しようとしているというのです。

TQM(総合的品質管理246ページ参照)は部門単位の取り組みに終わってしまう傾向がある一方で、BPRは企業を俯瞰的に見て、長い間に重厚長大化した企業の階層型組織を打開しようとするものです。顧客のニーズに応えるには組織を超えたプロセスが必要であり、そのためには全社的なプロセスを見直す必要があるからです。

ハマーは、1990年に『情報技術を活用した業務再構築の6原則』(ダイヤモンド・ハーバード・ビジネス・ライブラリー)という論文でBPRの基礎を示し、付加価値を生み出すことがないプロセスは、自動化するのではなく、排除すべきだと論じ、のちにそれを本格的な理論としてまとめました。ハマーとチャンピーは、BPRの定義を、「企業のプロセスを基本から考え直し、抜本的に構築し直し、コスト、品質、サービス、スピードといった現代的で重要な評価基準を劇的に改善すること」としています。また、BPRを実現するには、顧客のためにいかに付加価値を生み出すことができるか、と常に問いかけなければなりません。

定義に使われた言葉は慎重に選び抜かれたものです。「基本から」というのは、「なぜこれをやるのか」「なぜこの方法でやるのか」というのを考えるべきだからです。従来の規則や前提に疑問を抱かなければならないのです。

「抜本的」というのは、既存の構造や手順を忘れ、すべてを一から構築するからです。リエンジニアリングは組織の再編とは異なります。「劇的」というのは微調整ではなく、大幅な改善を目指すからです。BPRを実行した企業の大半が、深刻な問題に直面している、あるいは近い将来、直面するであろうと考えられていました。

プロセスはBPRにとって極めて重要です。それまで、組織は事業部に分かれ、プロセスは役割として分割され、それぞれの事業部が分担しました。BPRではこうした役割を、顧客のニーズに対応するために達成すべきものという視点で見直します。

ハマーとチャンピーが例として紹介したのが、IBMクレジット社です。同社は契約成立まで、平均6日間、ときには2週間かかり、それまでに注文が取り消しになることがたびたび起こっていました。当時、審査のプロセスには5段階ありました。まず、営業担当者が本部に電話をかけて申し込みをすると、(本部によって) 申請書類が作られます。書類は信用部門に回され、顧客の信用度を調べます。その結果が書類に書き込まれると、今度は法務部に回されます。ビジネスプラクティス部門は、標準的な契約書を顧客ごとの特殊な事情に合わせて修正します。次にプライシング部門が利率を決め、それを書類に書き込んで、管理部事務部門に送ります。そこで、計算書が作られ、営業担当者に送られて、それが顧客に届けられるのです。しかし、それまでに顧客を失ってしまうことがよくありました。

何度も改善を試みては失敗したため、経営陣は実際にローンの申し込みをして、5段階のステップを実地検証しました。すると、手続きには1時間半しかかかりませんでした。問題は、それぞれの仕事にどれだけ時間がかかるかではなく、プロセスだったのです。

詳細に調べてみると、ローンの申し込みはそれぞれ特殊なものだという仮定があり、1件につき4人の専門家が審査していることがわかりました。しかし、申し込みの大半は標準的なもので、コンピュータを使えば一般社員でも容易に処理できるものでした。このようにBPRでは、情報技術が欠かすことができないイネーブラー（促進要

賢人の言葉

リエンジニアリング革命という言葉を避けて、プロセスの再編成とか変革とかいった他の言い方を採用する企業もあるかもしれない。しかし、それらは、わたしたちの定義にぴったり合ったものである。
――マイケル・ハマー（2003年）

因）となりますが、従来の業務を単に自動化するために使われることはなく、また、IT部門が役割分担の再構築に関わることもありません。

ハマーとチャンピーは次のような原則を紹介しています。

役割ではなく、成果を重視し体系化する。

情報処理のプロセスを、情報を生み出す業務に変える。

分散配置された経営資源を集中配置されていると仮定する――情報技術の使用によって可能になる。

結果を統合するのではなく、並行する業務を連携させる。

意思決定ポイントを業務が行われている場（現場）に設け、プロセスに管理機能を組み込む。

情報は情報源から一度に取得する。

マニュアルはない

BPRの段階的なマニュアルはありませんが、複数の業務を統合する、現場で意思決定ができるようにする、照合は最小限にとどめる、顧客との接点を一カ所に集中させる、などが一般的な手法です。BPRの成功を妨げるのは次のような要因です。

プロセスを変えずに、固定化しようとする。

改革をボトムアップで行おうとする。

小さな成果で満足する。

十分な結果が出ないうちにあきらめる。

経営資源を節約する。

設計のみに注力する。

問題の定義や努力を前もって制限する。

全員を満足させようとする。

賢人の言葉

リエリエンジニアリング革命の最初の波はバックオフィスの取引プロセスに焦点をあてたものだったが、現在は商品開発やマーケティングなどを含む創造的業務等より広範囲を対象としている。
──マイケル・ハマー（2003年）

IBMのほかにも、プロクター&ギャンブル（P&G）、ゼネラルモーターズ、フォードといったBPRの成功例はあるものの、7割の企業は失敗に終わっています。理由はおそらく上記の要因にあったのでしょう。当初は注目を集めたBPRも、人への配慮が欠けていると批判されるようになりました。「新たな科学的経営管理法（204ページ参照）」であり、労働者を解雇するための口実にすぎない、という意見もありました。ハマーはのちに人が大切にするものや信念をないがしろにしていたことを認め、それらは無視されるべきではないと主張しました。その後に登場した、BPRほど厳格でない改革は、業務プロセス再構築、業務プロセス向上、業務プロセス管理などと呼ばれています。

正しい方向

アメリカ政府はBPRによる大規模な改革を行った。1996年に発行された手引き書によって、各機関には次のような改革が義務づけられた。

改革前	改革後
紙の書類	電子ファイル
ピラミッド型の組織	ネットワーク型の組織
情報の蓄積	情報の共有
独立型（スタンドアロン）	仮想とデジタル化
管理	業績
法令遵守志向	ベンチマーキング志向
常駐の専門家	優秀な人たちによるチーム
煙突型組織	ミツバチの巣型組織
監視	指導
対応　遅い	速い
データ入力の回数 複数回	1回
テクノロジー嫌悪	テクノロジー精通
機関のトップを重視した意思決定	顧客を大切にした意思決定

まとめの一言

業務を根本から考え直す

CHAPTER 07 ブランド戦略

知ってる？

ブランド大作戦、成功の鍵は？

アップル社は、PCとMacという2人の友人を
呼び物にした広告宣伝を世界に向けて行っています。
PCはネクタイを締めてきちんとした格好をしていますが、
堅物で威圧的です。コンピュータとして働く彼の仕事は、
それは見事ですが、ちょっと理解しがたいこともあります。
Macは、くだけたシャツを着て、のんきで、クールで、
なんでも軽々とこなします。気取り屋ではないので、
一緒に飲みに行くのもいいなと思わせます。
2人のうち、どちらと友だちになりたいですか？

timeline

1886
ブランド戦略

1916
多角経営

1924
市場細分化

PCとMacといったようなよく知られた顔を使って行われてきた広告宣伝は、ブランド戦略の次の段階を迎えています。つまり、ブランドの人格化です。アップルがまさしくそれを実現しています。ブランドは、テキサスで畜牛の臀部に焼印を押したことから始まりました。それと同じように、ブランド・マーケティングは、消費者の脳裏に商品イメージを焼き付けるのが目的で、「商品名、商標、シンボル」といった元来の意味のものから「商品、サービス、企業に接して経験するものや得られる価値」へと定義が広がっています。

さらに、人(マドンナ、マーサ・スチュワート等)、都市、国などもブランドを確立して注目を集めたり、利益を生み出したりすることができます。アンホルトGMIの国家ブランドインデックスによれば、2006年にもっとも人気があった上位3国は、イギリス、ドイツ、カナダで、アメリカは10位でした。

「商品名、商標、シンボル」は、19世紀、個別包装の商品と同時に誕生しました。当時はブランドとは呼ばれていませんでしたが、キャンベルスープ、コカコーラなどがその例で、コンサルタント会社のインターブランド社は、それらがいまでも世界でもっとも価値があるブランドだと考えています。19世紀末に、ジェームズ・ウォルター・トンプソンが商標広告についての本を著すと、多くの企業がシンボル、マスコット、スローガンを採用するようになりました。1920年代のラジオ誕生後は、スローガンがコマーシャルへと変化し、1955年には、学者たちがそれを抑制するようになります。バーリー・ガードナーとシドニー・レヴィは著書『商品とブランド』で、大切なのはブランドそのものではなく、顧客がブランドをどのように見ているかだと記し、それを「ブランドイメージ」と呼んで、創造、開発、管理が必要だと論じました。それにより、新しい産業が生まれたのです。

ブランド・マネジャーたちは、商品を信頼、品質、健康、若さ、贅沢といった魅力と結びつけることによって、ブランドイメージを構築することを学びました。それは「ブランディング」と呼ばれるようになり、消費者は商品ではなく、ブランドを買うと考えられるようになったのです。競合商品がどれも似通ったものになっている今日、ブランディングによる差別化は大きな価値を創出します。厳しい競争をものともせずに存続し続けるブランドもあります。コークやキャンベルのほかに、トマトケチャップのハインツ、カスタードのバーズ、コーンフレークのケロッグ、剃刀のジレットは、半世紀以上市場を先導している数少ないブランドです。

賢人の言葉

以前は、標語を繰り返すことによって他商品と取り替えがきかないようにしてきた。しかし、それでは不十分だ。いまは、買わずにはいられないものにしなければならない。

——ケビン・ロバーツ（サッチ&サッチCEO）

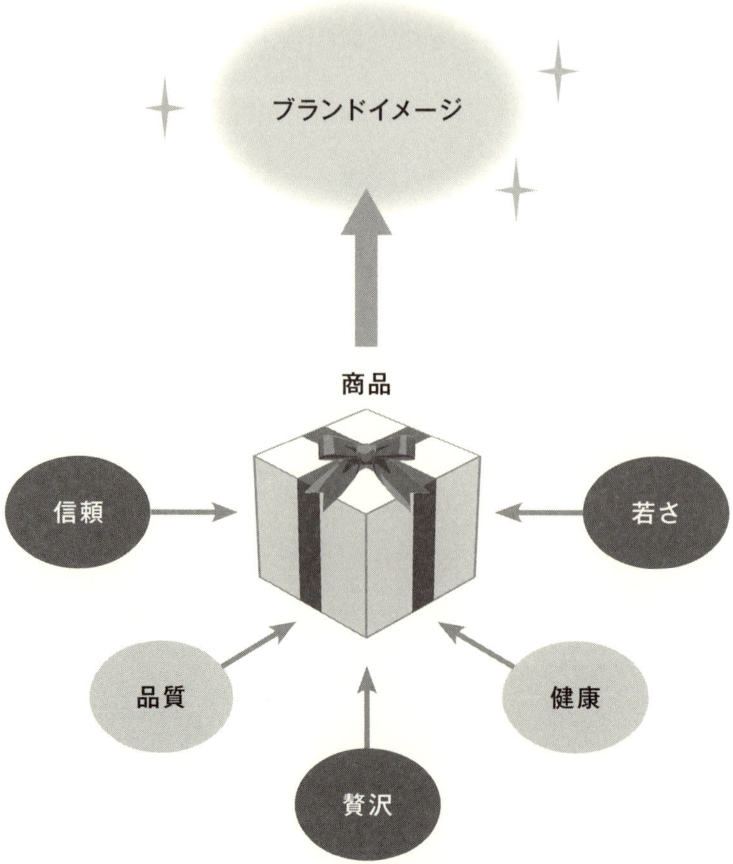

賢人の言葉

一番に消費者の心に思い浮かぶことのほうが、一番に市場に参入するよりも良い。マーケティングは商品の闘いではなく、消費者からの評判を獲得するための闘いだ。
——アル・ライズ&ジャック・トラウト(1993年)

顧客はブランドを好みます。信頼性があり、時間をかけずに選ぶことができるからです。ブランドは、顧客ロイヤルティ(忠実度)を作り、それを維持する助けとなる一方で、生産者であるブランドオーナーに戦略的な利点をもたらします。そのひとつは、より高い価格を設定することが可能になり、卸売り業者や小売り業者の利益率が大きくなるために、販売網の確立が容易になることです。生産者よりも小売店のほうが力を持つ食料品市場では、そうした利点は大きな効果があります。

また、ブランドの伸長、拡張、活用などからも利点が生まれます。新商品にも既存ブランドの良いイメージを持ち込むことができるからです。イヴ・サンローランは、他のデザイナーによるベルトやサングラスといったアクセサリーも、同じブランド名で販売しています。1920年代、ファッションデザイナーのココ・シャネルも、同様のことを香水で行いました。マーズはアイスクリーム市場に参入し、P&Gのフェアリー石けんから、食器用洗剤フェアリー・リキッドも生まれています。

新商品導入のリスクを幾分減らすことができるだけでなく、既存の市場に新しいセグメントを創出することも可能になります。たとえば、ブリティッシュ・エアウェイズの「クラブ・ワールド」がそうです。また、剃刀や自転車といった衰退しかけた市場に新しい変化を再注入したように、ブランドの伸長は市場の成熟を抑える助けとなります。

今日、ブランドコンサルタントは、ブランドと顧客の関係を強化する必要性を説いています。ブランドとの深い結びつきが顧客ロイヤルティや愛着を育み、大きな満足感の創出につながるからです。ブランドに人間味を加味することを「エモーショナル・ブランディング」と呼び、コンサルタントとしてエモーショナル・ブランディングに関する本を著したマーク・ゴーベは、五感を刺激して売ることを説いています。エモーショナル・ブランディングはブランドに新たな信用と個性をもたらし、消費者との結びつき強くします。必要だから買う商品を、欲しいから買う商品に変えることができるのです。アップル社のiPodがその一例です。

ブランドスケープを構築する

ブランドは企業にとって無形の財産です。ブランドに価値があれば、企業の価値も高くなります。そのため、企業はブランドを確立しようとするのです。しかし、ブランドが批判の対象になることもあります。ナオミ・クレインは『ブランドなんか、いらない―搾取で巨大化する大企業の非情』(松島聖子訳、はまの出版など)で、ブランド商法は消費者を「ブランドスケープ」のなかに閉じこめている、と訴えています。企業は工場を発展途上国へ移し、商品を生産するかわりに、市場の願望やイメージ、つまり、大人のためのバービー人形の世界を作っているというのです。

ブランドという強迫観念にうんざりしているのはクレインだけではありません。ディズニーの元会長マイケル・アイズナーも、ブランドという言葉が「あまりにも頻繁に使用され、想像力を奪うものになっている」と言っています。ブランドやブランドの価値に依存しすぎると、予想外の事態に遭遇した際の対応が鈍くなることがあります。ナイキやシェルは自らのブランドを汚し、大きな損失を被りました。エモーショナル・ブランディングは大切ですが、エモーション(感情)は一瞬にして変わるものなのです。

包括ブランド（アンブレラ・ブランド）

ブランドをもっとも多く有する企業であるP&Gと、同社の競合先であるヨーロッパ企業ユニリーバは、企業名は示さず、ブランドだけを宣伝をしてきた。しかし、創立75周年の前年にあたる2004年、ユニリーバは企業ブランドを前面に打ち出すことを決めた。翌年、グループ企業が販売するすべての商品に同社の新しいロゴがつけられた。
ユニリーバはこう説明した。「世界では常に変化が起こり、消費者は購買するか否かを決めるために、商品を生産する企業のことを知りたがっている。信頼できるブランドを求めているのである。ユニリーバは透明性と説明責任の観点から、今後はブランド生産者としての立場を明確にしていくつもりだ」
ユニリーバのロゴが弱体化しつつあったブランドを助けたのかもしれない。その一方で、同社はグループ全体で商品数を1600から400へと減らした。潜在的投資家たちは（ユニリーバの商品のひとつである）ヘルマンズマヨネーズを棚から出す度にユニリーバという企業を思い出すようになるだろう。同社は従業員にも、ユニリーバのブランドに忠実であることを望んでいる。P&Gも同じ道を辿るのだろうか。そうは思えない。アンブレラ・ブランドには、グループ内企業の一貫性が求められるからだ。P&Gはブランドの独立性を重んじているのである。

まとめの一言

顧客経験を創出する

CHAPTER 08 チャネル管理

知ってる？

商品が市場へむかうとき必要なことは？

今日「不連続な事象」ということがよく言われます。科学分野におけるカタストロフィー理論から生まれたものですが、飛躍的進歩というものをうまく表しているために、ビジネス思想家や経済学者が好んで使っています。飛躍的進歩とはすべてのものの見え方を変えてしまう大きな変化です。最終的に飛躍的成長を後押しすることも好まれる理由です。

timeline

1950
サプライチェーン管理

1950年代初期
チャネル管理

賢人の言葉

チャネルの急増によって、多くの業界で顧客のコントロールができなくなり、財務的損失が生じた。
――アジョゼフ・マイヤーズ、アンドリュー・ピッカーズギル＆エヴァン・ヴァン・メータ（マッキンゼー＆カンパニー　２００４年）

20世紀のもっとも大きい不連続な事象は、自動車、飛行機、パーソナル・コンピュータであり、現在ではインターネットでしょう。インターネットの登場によって、企業経営者は、商品のマーケティングや販売の手法を再考せざるをえなくなりました。その結果、チャネル管理が真剣に考えられるようになったのです。

流通

チャネルとは商品を市場に提供する方法で、マーケティング理論で登場する４Ｐのひとつであるplace（流通）と一部重なります（120ページ参照）。経営者は、どのような流通手段をとるかを決めなければなりません。独自の販売部隊を持つ資金はあるか、あるいは持ちたいか、小売業者、あるいは小売業者と卸売業者の両方を介して売るか、そうした業者をどうやって選べばいいかを考えなければならないのです。

独自の販売戦力はコストがかかりますが、管理しやすいという利点があります。卸売業者や小売業者は管理が難しく、いかに最大限の協力を取り付けるかが従来のチャネル管理です。最も効果があり、広く使われてきた方法は、競合先の商品よりも強力に販売を推進してもらう見返りに利益率を大きくするとか、より多く売った販売担当者に報いるとかいったような競争の場を設けることです。商品を効果的に売るために必要なトレーニングやツールを提供するのも役立ちます。

縦型組織では、製造業者や供給業者が独自の販売店舗を有したり、小売店チェーンが独自の商品を作ったりしていることもあります。それぞれ前方統合、後方統合と呼ばれます。こうしたモデルは固定費が大きくなり、企業経営のための力を分散させることになります。しかし、独自の販売戦力と同様に、管理が容易です。

1964
マーケティングの４つのＰ

1990年代
顧客関係管理

2004
Web2.0

低コストの流通チャネルには通信販売があります。現代ではインターネットもあります。当初はインターネットを積極的に活用する企業は限られていましたが、今日では、消費財市場では不可欠なチャネルになっていて、*B2Bの企業にとってもマーケティングのツールとして広く活用されています。

*B2B
電子商取引(EC)における企業(business)間の取引き。B to Bとも表される(訳注)

顧客の選択

インターネットは流通チャネルの選択肢のひとつになっただけでなく、複数の流通チャネルによる販売の発達を促し、消費者は購買までの過程で異なるチャネルを使うことが可能になりました。たとえば、店舗へ行く前にネットで在庫を調べたり、店舗にある商品をネットで注文したりもできます。また、電話、オンライン、対面といった購買方法を好きに選ぶことができるのです。

「ブリック・アンド・クリックス」(実店舗を持つ企業がインターネット上に店を持つ)の今日、チャネル管理には新たな意味が生まれています。インターネットや電話で商品や情報を入手したいという消費者の要望はますます増えています。特に金融サービスでは、ATM(現金自動預け払い機)が必要とされています。しかし、銀行業界では早くから認識されていたように、「ブリック・アンド・モルタル」と呼ばれる実店舗も求められているのです。

そうした要望に応えるにはコストがかかりますが、複数の流通チャネルを望む客は、単一のチャネルを要する客よりも豊かで、支出も多い傾向にあることがわかってきました。家にいながらの買い物や情報のより速い取得など、より便利なものが求められています。複数の流通チャネルを用意するのは、競争力を強化するというよりも、戦略的に必要となりつつあるのです。

しかし、複数チャネルの管理には問題もあります。ひとつは、すべてのものを(everything)、すべての人に(everyone)、すべての場所で(everywhere)提供したいという「3Eの罠」の誘惑に陥ることです。そんなことをすれば利益は望めなくなります。それを避けるには、まず、利益を生むのはどんな顧客層か、チャネル管理と顧客管理

（CRM 76ページ参照）がうまく結びつくのはどこかを知らなければなりません。それによって、どのようなチャネルを使うべきかを決めるのです。

CRMは、顧客を中心に考え、ほころびのない一貫したサービスを提供しなければならないという考え方です。複数の流通チャネルを持つことによってそうしたサービスを顧客に提供できるのであれば、サービスの一環として導入されるべきでしょう。それぞれのチャネルは独自に管理されるのではなく、相互に連携されなければなりません。これをマルチチャネルと呼ぶコンサルタントもいます。

賢人の言葉

店舗の売却や閉鎖は
マルチチャンネル化の手法のひとつである。
――コーリー・ユリンスキー
（マッキンゼー&カンパニー 2000年）

自由放任せず

戦略の決定には、優良顧客の好みが大きく影響します。しかし、どのチャネルを使うかという決定を顧客の選択にまかせるべきだというのではありません。チャネルによって費用は異なり、非常に高いものになることもあります。そうした経済性を理解し、顧客をもっとも適した、費用対効果が大きいチャネルへと導く必要があるのです。

新しいチャネルへと顧客を誘導するには細心の注意が必要ですし、危険もあります。既存のチャネルに対する配慮も求められるでしょう。小売業者は新しいチャネルの採用を警戒し、競合相手が現れたと思うかもしれません。そのため、ネットや電話による販売チャネル導入時に、引き続き販売協力を約束してくれる小売業者に奨励策を用意する企業もあります。

マルチチャネルはうまくいけば差別化の手段になります。インターネットの誕生によって、チャネル管理の必要性はますます高まっています。

まとめの一言

いかに顧客に届けるか
を管理すること

CHAPTER 09 コアコンピタンス

得意分野をもっていれば？

マイケル・ポーターは5つの競争要因によって、
企業をとりまく業界の競争状況を分析しようとしました。
一方、ゲーリー・ハメルとC・K・プラハードは、
企業そのものの競争力について考察し、「核となる能力
（コアコンピタンス）」こそが競争力を生み出すもの
だと論じました。今こそ経営者は企業コンセプトを
考え直すべきときだ、と主張したのです。

timeline

1450
イノベーション（技術革新）

1920
分権化

1960
戦略的提携

賢人の言葉

コアコンピタンスは、新規開拓の源だ。
——ゲーリー・ハメルと
C・K・プラハード（1990年）

ハメルとプラハードは、多くの企業が事業の分散化を推進しているのに対して、企業を戦略事業単位（SBU）ではなく、コンピタンスのポートフォリオとしてとらえるべきだと考えました。そして、1990年、ハーバード・ビジネス・レビュー誌に『企業のコアコンピタンス』を共同で寄稿しました。

当時、欧米の企業は、低価格で高品質の日本製品に対する競争力を取り戻しつつありました。しかし、日本企業は新製品を新市場に次々と発表し、欧米企業の追随をかわします。ホンダはオフロード用四輪駆動車を、ヤマハはデジタルピアノを発売し、ソニーは8ミリビデオ規格を採用したカムコーダで注目を集めました。自動車業界では、カーナビゲーションシステムや電子制御のEMS（エンジンマネージメントシステム）で市場を先導していました。日本製品は低価格で高品質ですが、欧米企業もそれに十分対抗できるようになっていたので、競争力の差は価格や品質が原因ではありませんでした。欧米企業の管理手法や技術力が劣っているせいではなく、経営幹部がそれぞれの企業が有する技術力を活用するためのビジョンを持っていないからだ、とハメルとプラハードは主張したのです。

コアコンピタンスとは、他社を上回る能力のことです。実際、2人が例にあげた大企業には、世界一流の水準を達成する能力があります。最終製品ではなくても、その製造に必要不可欠な製品や製造の高効率化を達成する技術を有しているのです。たとえば、ブラック&デッカー社のコアコンピタンスは小型モーターの生産力です。同社の製品は、チェーンソー、芝刈り機、掃除機、電気缶切りなどさまざまな製品に使われています。キャノンのコアコンピタンスは光学と精密機械工学の技術で、カメラやコピー機、現在はレーザープリンターなどに使われて大きな成功をおさめています。ホンダのコアコンピタンスであるエンジンとパワー・トレインは、車、オートバイ、大型芝刈り機、発電機などの製造・販売の大きな力となっていますし、スリーエム（3M）の粘着技術は世界一流です。

コンピタンスのテスト

コアコンピタンスは新市場へ進出する道を開いてくれます。コンピタンスを活用するには、イノベーションが必要になるでしょう。ハメルとプラハードは、以下のような特徴を確認することでコアコンピタンスを明確にできると言っています。

- さまざまな市場へ進出する可能性をもたらす
- 最終製品の購入顧客が得られる利点に大きく貢献する
- 他社が簡単に真似することができない

他企業にも製造可能な一般的な商品で世界一流になることは、コアコンピタンスを持つことにはつながりません。コアコンピタンスは、顧客価値を大きく高め、他社との比較で評価されるべきものです。競合先が羨むようなものでなければなりません。研究開発に他社よりも多くの費用をかけることでもありません（革新的な日本企業では、自社にない技術やコンピタンスを補うために、他社と戦略的な提携を結んでいました）。また、戦略的事業単位間で費用を負担し合うことでもありません。結果的にそうなることはあるかもしれませんが、それが理由になってはいけないのです。また、垂直統合のことでもありません。結果的にある程度の垂直統合は行われるかもしれませんが、それが理由ではないのです。

コアコンピタンスを5つも6つも有する企業はないでしょう。20あるというのであれば、コアコンピタンスの定義を正しく理解していないのかもしれません。コスト削減が理由で、気づかぬうちにコアコンピタンスを失ってしまうこともあります。クライスラーが、エンジンとパワー・トレインを他の部品と同じように外注することも多い一方で、

賢人の言葉

未来はこれから起こることではない。今、起こっていることだ。
——ゲーリー・ハメルとC・K・プラハード（1996年）

賢人の言葉

コンピタンスの益は、
マネーサプライ同様、巡回速度で決まる。
――ゲーリー・ハメルと
C・K・プラハード（1990年）

ホンダが車の機能に重要な部品の製造とデザインを他社に任せることは想像できない、外注は（価格）競争力の高い製品を作るための近道かもしれないが、プロダクト・リーダーシップを維持するためのスキルを企業内で維持することができなくなる、とハメルとパラハードは指摘しています。

ハメルとプラハードは、事業の分散化とSBUの専制はコアコンピタンスの敵だと考えました。多くのSBUで構成される企業では、それぞれの部署がコアコンピタンスについて責任を持って考えることがないからです。SBUは目の前にある今日の売り上げを最大化することにばかり注目しがちです。コンピタンスを確立したとしても、それを内部にとどめておきたいと考え、才能ある人材を他のSBUに貸して、他のSBUが新たな機会を追求するのをいやがるかもしれません。コンピタンスが共有され、認識されることがなければ、SBUから引き起こされるイノベーションはゆっくりとしたものになってしまうでしょう。

未来のアーキテクチャ

よって経営陣がやるべきことは、組織全体にわたる戦略アーキテクチャ、つまり、未来への指針を示し、確立すべきコンピタンスと必要な技術を明確にすることです。コアコンピタンスは企業にとって経営資源となるものなので、資本資源と同様になんとしても手に入れなくてはなりません。そのためにはSBUの枠にとらわれない報奨制度や昇進の道が必要ですし、幹部社員は特定の事業体に所属しているという考え方を改めるべきでしょう。ジャック・ウェルチのGE再建を支えたのは、「境界のない企業」という考え方でした。

多角経営企業は大きな樹木のようだ、とハメルとプラハードは言います（次ページ図参照）。幹と大枝は中核商品で、小枝が事業部（SBU）、葉や花や実が最終製品です。根はコアコンピタンスを育て、維持し、支えます。葉だけしか見なければ、その強さには気づかないでしょう。同様に、最終製品だけを見ていても、競合企業の強さを知ることはできないのです。

コアコンピタンスと製品

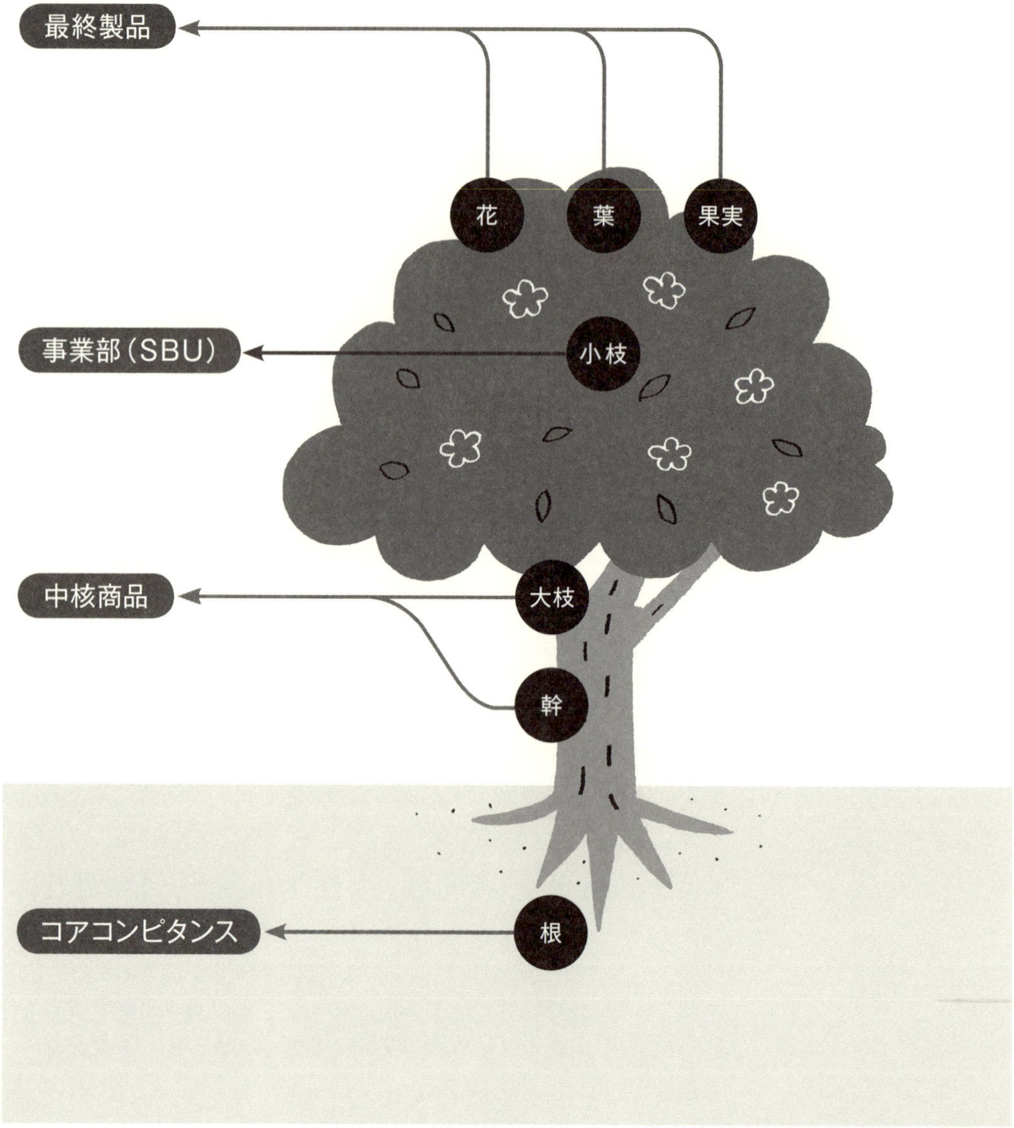

痛みなくして得るものなし

ハメルとプラハードは、コアコンピタンスの例として、2つのエレクトロニクス企業を比較した。1980年代初期、通信機器、半導体、テレビ、ディスプレーなどの分野で活躍するアメリカの大手通信会社GTEは、IT産業でも大きく成長しようとしていた。一方、日本のNECも、コンピュータ製造を含め、同様の市場を基盤としていたが、規模はGTEの半分以下だった。

NECはコンピュータと通信技術の一体化を予測し、1977年にC&C戦略を採用した。そして、成功には半導体のコンピタンスが必要だと考え、迅速に、費用をかけずにスキルを獲得するため100を超える企業との提携を行った。また、中核商品とコンピタンス開発を監督するC&C委員会が設置された。一方、分権化が進んだGTEでは、コアコンピタンスへ注力することができなかった。次世代のための主要技術を特定する努力は行われたが、マネジャーたちはそれぞれの判断で動いていた。

NECは半導体分野で世界のリーダーとなり、コンピュータ分野での地位を確立し、携帯電話、ラップトップコンピュータ、ファクスといった商品を売り出して、1980年代半ばにはGTEの売り上げを追い越した。GTEは半導体とテレビの製造を中止し、1990年代には電話事業にほぼ特化するようになった。2000年にベル・アトランティック社に買収されて、新会社ベライゾンが設立された。

まとめの一言

競争力の源となるもの

CHAPTER 10 コーポレートガバナンス（企業統治）

グッド・ガバナンス（良き統治）はなぜ必要？

近年、アメリカ企業のCEOがどれくらいの経費を使っているかを知ることができるようになりました。アメリカン・エキスプレスの場合は専用車に13万2千ドルが支払われるほか、社内の食堂で軽食をとった場合は、その代金が返金されるそうです。それを知って、社用車よりも軽食のほうに怒りをおぼえる人もいました。こうした情報は、これまで以上に明らかにされるようになってきています。アメリカ証券取引委員会が、役員特権の開示基準を下げたからです。しかし、役員の経費や給料の他にも、企業がコーポレートガバナンスという厳しい目にさらされて行うようになったものはほかにもあります。

timeline

1916
多角経営

1938
リーダーシップ

株主は、投資する企業の経営者が株主の利益に反する行為をするといったエージェンシー問題があるため、長年グッド・ガバナンス(良き統治)を求めてきました。特に、大株主が少数派株主の意見を聞いてくれないために、少数派株主の考えにも耳を傾け、公平な扱いをしてほしいと考えていました。権利が異なる種類の株式が発行され、少数の支配的な株主や親族たちが、より大きな議決権を得ることがあるからです。たとえば、A株はB株の2倍の権利があるといったような株式を発行して、自らA株を取得するのです。株主たちは、企業内でなにが起こっているか、「自分たちの」金を経営者たちがどう使っているか、経営計画はすぐれたものなのかどうかを知りたいと思っています。そこで、常に情報の開示(ディスクロージャー)を求めます。最終的な意思決定が行われる取締役会がどういう人たちで構成されているか、CEOがどれほどの権力を持っているかといったことを知りたいのです。

政府は、これまでコーポレートガバナンスにあまり関心を寄せていませんでした。法を守り、規律を乱しさえしなければよしとしていたのです。イギリスでは、民間セクターによって関心が高まりました。国際商業信用銀行(BCCI)やロバート・マクスウェルの不正行為が明

らかになり、財務報告、取締役の報酬、ガバナンス、社外取締役の役割などが次々と調べられたのです。そして、1998年に"統合規範"として推奨されるべき行動がまとめられました。最終報告書は政府の委託によるものですが、あくまで民間企業の自主規制です。ロンドン証券取引所に上場している企業の半数が規範に準拠しており、準拠しない企業は年次報告書で理由を説明するよう求められています。

より良い取締役会

規範では、企業の代表取締役会会長は、企業内や元CEOから選ぶのではなく、独立性を保つべきとし、CEOと代表取締役会長の兼任は権力が集中するために好ましくないとされています。また取締役会の構成は、ビジネスのことをよくわかっている執行役と、CEOの影響力を受けにくく、企業に対して鋭い質問ができる社外取締役との間でバランスを保つべきだと考えられています。報酬委員会が取締役の報酬を決め、監査委員会が監査役に関することを決定すべきで、両方の委員会に出席できるのは社外取締役だけです。統合規範はヨーロッパ各国の同様の規範の手本になってきました。

2002年に、エンロン、ワールドコム、タイコなど、企業の不祥事が次々と発覚して、ついにアメリカも姿勢を正さなければならなくなりました。対応はすばやく、徹底的なもので、サーベンス・オクスリー法(アメリカ企業改革法)が定められました。それにより、公開会社会計監視委員会(PCAOB)が設置され、監査人を厳しい目で監視することになり、上場企業は独立した監査委員会を作ることが義務づけられました。また、CEOと最高財務責任者は会社の会計帳簿が正しいことを保証し、偽りを報告すれば刑罰が科せられます。

香港上海銀行(HSBC)のような事件も起きましたが、イギリスは長年にわたり統合規範を推進してきました。アメリカでは、CEO(たいがいは取締役会会長兼任)が依然、強大な権力を有しているものの、取締役会へ権利を委譲する動きも見られ、互いに取締役を兼任しあう慣行も減っています。規則順守の強化によって、欧米の企業では複数企業の取締役を兼任するCEOや重役は減りました。イギリスで

賢人の言葉

良いコーポレートガバナンスは、取締役会や経営陣に、会社や株主の利益となる目標を追求するインセンティブを与え、有効な監視を促進するものであるべきである。

——経済協力開発機構(OECD 2004年)

は、現役の取締役が他社の企業の取締役を兼任するのは、あまり目立たないプライベート・エクイティ企業である場合が多くなりました。

日本での変化

コーポレートガバナンスは、アングロサクソン系アメリカ人の関心事ですが、ヨーロッパにも広まっています。日本でも外国人投資家からの圧力によって、変化が起こりつつあります。日本の取締役会は構成人数が多いのが常で、外部取締役は受け入れていませんでした。しかし、最近では、ひとりとか2人とかの外部取締役が加わるようになったり、取締役の人数を減らしたりするところもでてきました。人数が少なければ、より真剣な話し合いができますが、12人以上になると問題も見過ごされがちだと欧米では考えられています。

こうした考え方を広めるために、経済協力開発機構(OECD)は、参加国のために、コーポレートガバナンスの原則を定めました。今日では企業のすぐれた商慣行は株価の上昇につながり、その結果、信用格付けも高くなり、(信用が高いために融資を低金利で受けられるので) 結果的に債務も減ることになる、とそれには指摘されています。ハーバード大学ビジネス・スクールとペンシルベニア大学ウォートン校の研究は、ガバナンスがすぐれたアメリカ企業は他社と比較して売上成長が速く、より収益が大きいことを示しました。しかし、多くの人がコーポレートガバナンスのモデルはひとつではないことを認めています。今日では多国籍企業が世界を支配するようになりましたが、現地の法律や慣行に根ざすべきコーポレートガバナンスを輸出するのは非常に難しいことです。

以上見てきたように、近年のコーポレートガバナンスは、株主の利益に配慮したものになりつつあり、経営陣に対する投資家の発言力も強くなってきています。もちろん、投資家は満足しているわけではありません。CEOの報酬は、長い目で見ればそれに見合う貢献をするかもしれないにしても、あいかわらず高すぎると考えています。また、取締役の選任にも参加を希望し、経営陣を雇ったり、解雇したりする権限も有するべきだと主張しています。現在のところ、企業は投資家にはそうした権限を与えていません。

賢人の言葉

CEOたちは取締役会には知っているCEOを入れる。反対意見がでる可能性を減らすためである。
——パトリック・マクガーン(ISS、インスティテューショナル・シェアホルダー・サービシーズ 2007年)

コーポレートガバナンスの原則

OECDに参加する30ヶ国は、「企業と市場との一体化は、経済の活性化と安定に不可欠なものである」と言い、すぐれたコーポレートガバナンスが経済成長と安定に寄与すると考えている。OECDのコーポレートガバナンス原則は、民間企業向けというよりは政府に対するガイドラインであり、1999年に発効され、2004年に改定された。

1　効果的なコーポレートガバナンスの枠組みのための基盤を構築すること

コーポレートガバナンスの枠組み（CGF）は市場の透明性や効率性を促進し、法の原則を遵守し、それぞれの監督官庁や規制当局の責任を明確にするものでなくてはならない。

2　株主の権利と役割

CGFは株主の権利を尊重し、その行使を促すものでなくてはならない。

3　株主の平等な扱い

すべての株主は平等に扱われなければならない。

4　ステークホルダーの役割

法や合意によって定められたステークホルダーの権利を尊重し、富、仕事、財務性にすぐれた企業の創出のために、企業とステークホルダーが協力体制を築けるようにする。

5　情報開示と透明性

財政状態、経営成績、株式の所有構造、ガバナンスについて適時に正確な情報を提供しなければならない。

6　取締役会の責任

戦略的指導、経営の効果的なモニタリング、企業や株主への説明責任などを行う。

まとめの一言

より高い行動規範が求められているから

CHAPTER 11 企業の社会的責任

知ってる？

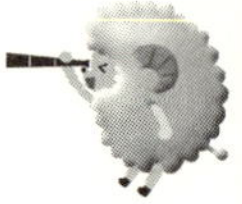

企業が社会的責任を考える利点とは？

経済学者ミルトン・フリードマンは企業の
社会的責任（CSR）について懐疑的な見方をしていました。
エコノミスト誌もそうです。フリードマンは、1970年に、
企業の社会的責任は利益をあげることであると言っています。
また、エコノミスト誌は、あいまいで危険な考えだとして、
4マスの表を用いてそれを説明しました。しかし、
フリードマンやエコノミスト誌のように考えている
企業も、いずれはCSRに取り組まなくては
ならなくなるかもしれません。

timeline

1886
ブランド戦略

1938
リーダーシップ

賢人の言葉

社会的責任は現実的な経営的意思決定だ。良いことだからとか、強要されたからといってやるものではなく、企業にとって益になるからやるのである。
――ナイアル・フィッツジェラルド
(ユニリーバの元CEO 2003年)

エコノミスト誌は、利益に対するCSRの効果と、社会福祉に対する効果を比較し、CSRによって社会福祉が充実する反面、企業の利益が減るのであれば、それは株主の利益を犠牲にした借り物の美徳にすぎない、と主張しました。利益が増え、社会福祉が後退するのであれば悪質ですし、利益が減り、社会福祉が後退するなら妄想というしかありません。CSRによって、社会福祉が充実し、利益が増えるというウィン・ウィンの結果が生じるとしたら、それはCSRではなく、すぐれた経営というべきでしょう。

エコノミスト誌は、企業は政府の役割を担うべきではないし政府が企業の役割を担うべきでもない、と言っています。確かにそうでしょう。しかし、CSRに対する企業の関心は高まりつつあり、“社会福祉”はCSRの一側面に過ぎなくなっています。CSRは、現在ではさまざまに定義されていますが、持続可能な成長(持続的開発)と環境に対する責任も含んでいるのです。

旧来の重役会議では、CSRは会長の趣味やその夫人の奉仕活動の手助け程度にしか考えられていなかったかもしれません。しかし、時代は変わりつつあります。度重なる企業の会計疑惑や環境破壊によって、企業の行動規範が厳しく求められるようになっているのです。企業経営者たちがCSRをどう考えていようと、そうした事実を無視することはできません。アルフレッド・スローンが言うように、市場の意見こそが事実なのです。

CSRとは正確にはどんなことでしょうか。決まった定義はありません。持続可能な開発のための世界経済人会議(WBCSD)では「企業が倫理を守り、従業員、その家族、地域社会および社会全体の生活の質を向上させつつ、経済発展に貢献すること」と説明しています。イギリスのビジネス・イン・ザ・コミュニティのマレン・ベイカーは、企業があらゆる側面から社会に有益な影響を与えることができるような経営をすること、とより簡潔に説明しています。

ヨーロッパとアメリカ

CSRに対する考え方は、ヨーロッパとアメリカでは異なります。ヨーロッパでは、CSRは世界をより良い場所にして後世に残すために、正直で、思慮深い行動をすることだと考えられています。アメリカでは「良き企業市民」に対する考え方が二分化されています。ヨーロッパのCSRに近いのは「企業倫理」という考え方で、道徳的基準を高く保つことです。CSRは純粋な慈善行為や社会奉仕活動です。企業が収益を得たことに感謝を表す手段で、見返りを求めるものではありません。見返りを求めれば、社会奉仕ではなくなってしまいます。

広義では、CSRは道義的責任とも考えられます。企業のCSR活動報告書についてのガイドラインを定めた持続可能性報告書(GRI)には、顧客のプライバシー保護、反競争的行為、児童就労、先住民の権利など32の評価基準があります。現在、作成されている準拠報告書のほかにもさらなる報告書が求められるために、CSRにいまだ消極的な企業もあります。しかし、機関投資家はCSRに対する関心を高めつつあり、企業がいかにその責任を果たしているかを示すことを求めているのです。倫理的投資は一般的な指標と比較してより良い収益を達成しています。株価の上昇にもつながるので、最終的にはフリードマン主義者たちをしのぐことになるかもしれません。

企業活動のライセンス

CSR活動は株主の利益を奪うものではなく、顧客、従業員、地域社会との関係を築くことによって、企業活動の許可証を得るものだ、とCSRの支持者は言います。つまり、リスクと評判を管理するためのものなのです。

CSRは企業の収益に良い影響を与えるという統計がありますが、それほど説得力はありません。CSRを否定して評判を傷つけるリスクについては多くの例があるので、責任放棄のコストを証明するほうが簡単でしょう。もっともよく引合いに出されるのがブレント・ス

賢人の言葉

評判を確立するのに
20年かかっても、失うのは5分だ。
――ウォーレン・バフェット
（バークシャー・ハサウェイ会長）

パー事件です。ブレント・スパーとは北海油田で使用された巨大な浮標《ブイ》のことで、所有者のロイヤル・ダッチ・シェルは、それを海底に沈めて処分するのが環境的には最善と判断しました。しかし、グリーンピースの活動家がそれに反対し、世論もその意見を支持しました。激しい抗議とそれに続くシェル製品の不買運動によって、同社は計画を白紙に戻すことを余儀なくされたのです。科学の力を武器に未来を築いてきた同社は、環境に対する価値を訴えるグリーンピースに敗北しました。

スポーツシューズで有名なナイキは、発展途上国における児童就労に対してイギリスで起こった不買運動による後遺症にいまだに悩まされています。そして、持続的発展担当の役員を設けるなどCSR活動に積極的に取り組む姿勢を見せることで、この問題に対処しています。多くの市場で同社の評判は回復されましたが、最近行われた、世界でもっとも倫理的な企業という調査(コラム参照)では、同社はイギリスではどの部門でも上位には入れませんでした。

欧米諸国の多くの市場では気候変動が最近の関心事になっていて、公に意見を表明することの重要性が強調されています。イギリス大手の広告企画制作会社は、各社が環境保護に配慮していることを喧伝する環境マーケティングの波がやってくるだろうと予測しています。消費者は環境保護に配慮しない企業をこらしめることになるだろう、というのです。

企業に対する圧力団体であるトゥモローズ・ワールドは、CSRを支持する一方で、CSRが2つのうちどちらかへ向かい得ることを危惧しています。ひとつは、企業の価値観を市場にはっきり示しさえすれば、「株主の利益だけを追求する」と表明するのも自由になってしまうことです。これは“企業理念としてのCSR”と考えられるでしょう。もうひとつは、社会の圧力によって法令遵守が強要され、報告書に正しい記載さえすれば企業が賞賛されるというものです。これは“コンプライアンスとしてのCSR”になります。消費者はこの2つをまちがいなくかぎ分けられるはずです。

倫理的とはなにか

消費者は企業の倫理観についてあまり考えることはないが、5ヶ国の調査によると倫理的な消費活動への傾向が見え始めている。ドイツでは、回答者の64%が企業の倫理基準が後退していると考え、アメリカでは55%、イギリスでは約50%、フランス、スペインでも多数が倫理的行動が悪化しているととらえている。もっとも批判的なのはイギリスの消費者で、倫理観を強調する広告宣伝にもっとも懐疑的なのはスペインだ。いずれにしても、世界でもっとも倫理的な企業には意外なものもひとつか2つ選ばれている。以下に示すのは、各国の消費者が選んだ、世界でもっとも倫理的な企業ランキングである。

イギリス

1位　Co-op(Co-op銀行を含む)
2位　ボディショップ
3位　マークス&スペンサー
4位　トレードクラフト
5位　カフェダイレクト／エコベール

アメリカ

1位　コカコーラ
2位　クラフト
3位　P&G
4位　ジョンソン&ジョンソン／ケロッグ／ナイキ／ソニー

市場調査会社GfK NOP 2007年 調査結果より

フランス

1位　ダノン
2位　アディダス／ナイキ
4位　ネスレ
5位　ルノー

ドイツ

1位　アディダス
2位　ナイキ／プーマ
4位　BMW
5位　ディメーター／ゲパ

スペイン

1位　ネスレ
2位　ボディショップ
3位　コカコーラ
4位　ダノン
5位　コルテ･イングレス

まとめの一言

リスクと評判を管理できる

CHAPTER 12 企業戦略
（コーポレートストラテジー）

戦略とはなにか？

戦略（ストラテジー）は魅力的です。
製造、オペレーション、マーケティング、財務、会計、人事など企業のあらゆる機能を統括するものです。
若い経営コンサルタントは、将来は戦略コンサルタントになりたいと考えます。当然のことかもしれません。
戦略は顧客を作り上げる建築家のようなものであり、作業員がそれに従うのです。しかし、一見魅力的に見えても、実際には、苦しい労働を求められるかもしれません。
企業の多くは、そうすることによって戦略が実践できると誤解しているからです。

timeline

- **B.C.500** 戦争と戦略
- **1450** イノベーション（技術革新）
- **1916** 多角経営
- **1960** 戦略的提携

戦略は戦争と同じくらい古い言葉で、辞書でも最初に示されるのはビジネス戦略ではなく軍事戦略です。軍事戦略は「兵法」と端的に呼ばれますが、ビジネス戦略の定義はたいがい長めになります。ランカスター大学の経営戦略教授ゲリー・ジョンソンとシェフィールドビジネススクール教授ケヴァン・ショールズは『企業戦略を探る』で、「戦略とは企業の長期展望と方向性を示すもので、厳しい環境のなかで経営資源の配置を考えることによって優位性を確立し、市場のニーズに応え、ステークホルダーの期待に応えることだ」と言っています。マイケル・ポーターは、ペンシルベニア大学ウォートン・スクールの講演で「戦略とは差別化を図るために行うものである」と簡潔に説明しました。

しかし、長い間、経営者たちは戦略にそれほど関心を抱いていませんでした。戦略を立案して差別化を図ろうとすることはあっても、企業経営の一端として行うだけで、具体化することはありませんでした。しかし、1965年、イゴール・アンゾフの『アンゾフ 戦略経営論（新訳）』（中村元一訳、中央経済社）によって、戦略的経営の策定と実施に注目が集まりました。

意思決定のルール

「戦略経営の父」として知られるアンゾフは、戦略とは「意思決定のルール」だと述べています。そして、（ゴールを定める）「方針」と、（ゴールを達成するための道程を決める）「戦略」とを区別し、「組織は戦略に従うものである」と強く信じていました。また、戦略的決定は次の3つの根本的な疑問に答えられるものであるべきだと説きました。

企業の方針と目的はなにか？

多角化を目指すべきか。目指すとすればなにを、どの程度、精力的に行うのか？

現在の商品と市場におけるポジションをいかに向上させるべきか？

アンゾフは戦略の策定の際に起こる重大な問題を警告しています。すなわち、意思決定の多くは、限られた経営資源の枠組みのなかで行われるということです。企業規模に関係なく、戦略とは、経営資源をどこに投入するかを選択することです。多角化を行わず既存のビジネスを伸ばすのか、あるいは、多角化を目指して既存ビジネスをないがしろにするリスクをとるのか。戦略策定の目的は、「企業の方針にもっとも合致する資源配分の型を作り出すこと」だとアンゾフは言い、その手法を示しています。

アンゾフによって戦略策定のブームが起こり、どの企業も戦略策定部門を起ち上げ、ソ連のような5カ年計画と目標を設定しました。やがてブームは沈静化し、アンゾフの考え方は規範的なものと見なされなくなりましたが(「分析麻痺症候群に陥ってしまった」と彼は言いました)、それでもなお、のちの思想家に大きな影響を与えました。彼が考案した商品・市場マトリックスは、いかにビジネスを拡大していくかを戦略的に決定するためのツールとして、現在でも有効です。マトリックスの4つの戦略は、商品と市場の組み合わせで構成されています。「市場浸透戦略」は、もっともリスクが少なく、既存の市場で既存商品の占有率を延ばすものです。「製品開発戦略」では、新製品を既存顧客に売り、「市場開拓戦略」は既存商品を売る新しい市場を求めます。また、「多角化戦略」は新製品と新市場を開拓するもので、リスクがもっとも大きくなります。

賢人の言葉

戦略とは勝つことだ。
――ロバート・M・グラント（1995年）

賢人の言葉

政策は偶発的な決定であり、戦略は意思決定のためのルールである。
——H・イゴール・アンゾフ（1985年）

パイプラインを設計する

企業の戦略策定部門は店じまいをしてしまったかもしれませんが、戦略策定はいまだ必要不可欠なものです。戦略策定は多くの場合、次のような手順で行われます。

1　ミッションステートメントと目的の策定

企業のビジョンを示し、測定可能な財務上、戦略上の目的を定める。

↓

2　環境探査

内部・外部の情報を集め、企業、業界、それらを取り巻く環境を分析する。5つの競争要因（114ページ参照）とSWOT分析——強み（Strengths）、弱み（Weaknesses）、機会（Opportunities）、脅威（Threats）を評価する——のための地固めをする。

↓

3　戦略策定

既存の競争力やコアコンピタンスを使うのかなど、難しい部分である。

↓

4　戦略の実施

戦略を伝え、経営資源を再編化し、目的を達成するために従業員の志気を高める。これも戦略策定に引き続き難しい過程である。

↓

5　評価と管理

戦略実施後、評価をし、計画とくらべて違いがあれば調整を行う。

「良い戦略」ましてや「正しい戦略」を見つけるのは難しいことですが、多くの助言もあります。マイケル・ポーターは、真正面から競合するのは間違った戦略だと論じています。そうした戦略は産業の中で「1番」になりたいという考えからくるものですが、結局誰も勝つことはできません。誰が「1番」かは、見る人次第だからです。それよりも差別化を図る戦略を開発するほうがいいのです。

ポーターは、株主価値を企業活動の目的にすることにも否定的で、それを戦略のバミューダトライアングルと呼び、「株主価値は結果であり、すぐれた経済的成果をあげることによって形成されるものだ」と言います。また、業務効率は戦略ではなく、ベストプラクティス（最良の実践）の延長線上にあるものだとも言っています。業績には寄与しますが、それを維持するのは難しいでしょう。最良の実践は他社も真似をするからです。

リチャード・コッチ（96ページ参照）は、企業戦略による収支は赤字で、過去半世紀にわたって有害無益だったと言っています。企業戦略が悪いものだったからではなく、常に「中央」の指令によるものだったからです。中央の指令は、価値を創造するよりも、破壊することが多いものです。中央は、財政危機に対応し、ターニングポイントを見極め、適当な買収先を見つけて統合し、ボストンマトリックス（24ページ参照）を使って事業構成を管理するのを得意とします。それ以外の分野は事業部にまかせるべきだ、とコッチは言っています。

賢人の言葉

戦略は組織が成し遂げる偉業である。

——孫子（BC500年頃）

ミッション・インクレディブル

ミッションステートメントは、今日、年次報告書を飾るものとして好んで使われ、なかには自己欺瞞的な説教めいたものもある。カートゥーン制作会社のホームページDilbert.comには、ミッションステートメント生成ツールがあり、無作為に並べた。しかし、どこかで聞いたことがあるような例を作り出してくれる。たとえば、「わたしたちは従業員の個人的成長を促進する一方で、変化のための既存のミスのない触媒を活用するために、重大な使命をもつ知的財産を強化します」とかいったようなものだ。

しかし、よく考えてみると、ミッションステートメントは、経営者と従業員にとって、企業の価値と文化を健全なまま維持するための重要な試金石となる。ミッションステートメントには、たいてい次の3つのものが含まれている。

企業の使命――企業活動の目的。
企業の価値――企業のスタイル。変わることなく大切にしていくもの。
企業のビジョン――目標。将来的にどのような企業になりたいか。

ミッションステートメントは使命や価値を作り出すものではなく、いま存在するものを示さなければならない。企業活動の目的やスタイルをはっきりと言葉にするには、ブレーンストーミングを行うといいだろう。しかし、ディルバートのような願望を述べるのではなく、真実に終始すべきである。願望はビジョンであり、目標や変革としてとらえるとよい。また、ミッションステートメントは戦略とは異なる。

まとめの一言

目的をいかに達成するかを考えること

CHAPTER 13 複雑さのコスト

複雑でコストがかかる?

顧客は支配者です。企業が過去50年間に学んだものがあるとすれば、それは顧客とそのニーズに焦点を合わせ、新しい技術や商品および選択権を提供することでしょう。しかし、それもある程度までのことです。新商品や多角化は複雑さにつながり、複雑さはコストがかかると気づく企業もでてきました。

timeline

14世紀
複雑さのコスト

1897
合併と買収

1924
市場細分化

＊オッカムの剃刀については、『知ってる？シリーズ 人生に必要な哲学50』の35章「オッカムの剃刀」も参照

シンプルに、というのは新しい考え方ではありません。この考えを広めるのに大きな貢献をしたのは、イギリス人のフランシスコ会修道士ウィリアム・オッカムです。「＊オッカムの剃刀」と呼ばれる原則では、もっとも単純なものがもっとも良い解法だとされています。14世紀のことで、残念ながら、これがいかに利益につながるかについては述べられていません。しかし、近年、コンサルタント会社ベイン＆カンパニーは12業界75企業を研究し、複雑さが低い企業は他の企業よりも収益の伸び率が2倍以上であることに気づきました。また、収益の伸びは、会社の規模よりも複雑さの水準により強く関連していることもわかりました。

複雑さが増すと、コストは大きくなります。複雑さの原因にはいろいろあります。業務の拡大に関連することも多く、また、技術革新、商品ラインの拡充、新規顧客の獲得なども原因になります。新しい技術やスキルを導入すれば、当然、複雑さも増すことでしょう。市場主導による複雑さの増大は採算がとれるかもしれませんが、増大したコスト負担を正しく配分する必要があります（コラム参照）。それにより、事業の拡大による収益は期待していたほど大きくなく、場合によってはマイナスになるのがわかることもあるのです。

作業時間の増大

ある食品加工会社は、積極的な拡大戦略によって市場シェアを守ろうとしました。しかし、商品ラインを増やすにつれて、コストが増えました。マーケティング用の人員も増え、在庫も激増しました。工場では、作業時間の3割以上が別商品生産のための切り替えに費やされました。それを補うために、少量生産品をより長く売ろうとしましたが、顧客に届く前に新しさを失ってしまいました。その企業のイノベーション戦略は、複雑さを増大させ、コスト・ポジションと市場フランチャイズを脅かしたのです。

1950
サプライチェーン管理

1985
バリューチェーン

1993
BPR（ビジネスプロセス・リエンジニアリング）

複雑さは違う顔を装って忍び込んでくることもあります。合併と買収(184ページ参照)は、さまざまな複雑さをもたらします。事業構成を拡大すれば、中核事業以外のことにも注意を払わなければなりません。また、仕入れ先が多かったり、アウトソーシングしたほうがより効率的あるいは効果的な業務を社内で行ったりすることによって複雑さが増すこともあります。厄介で手の込んだ商品デザインや業務フローは、複雑さとコストを増大させる原因となります。ヒエラルキー(階層)も、多いほど複雑さを増大させる原因となります。元戦略コンサルタントで著作家のリチャード・コッチは、平均的な企業の付加価値コストの半分は複雑さに関連するもので、そのうちの半分は大規模なコスト削減を達成する機会を提供すると言い、「複雑さと戦うことは、コスト削減と企業が提供する商品、サービスなどに対して顧客が認める価値の向上につながる」と述べています。

2004年に『複雑さを克服する』を著したコンサルタントのマイケル・ジョージとスティーヴン・ウィズダムは3つの単純な原則を説明しています。

- 顧客がコストを負担する気にならない複雑さは排除する。
- 顧客がコストを負担する気になる複雑さを探る。
- 複雑さのコストを最小限に抑える。

ジョージとウィズダムは、企業は顧客が望む以上の商品やサービスを提供することが多いと述べています。その一部をなくすことで、不要なコストの原因を排除し、競争優位を確立することができるというのです。サウスウェスト航空がコモディティ化した市場で競争力を維持できたのは、低コストと独自の文化のほかに、複雑さが少ないことが要因だと指摘されています。これは同社が運営する航空機をボーイング737型機に絞ったことによるものです。反対に、アメリカン航空は14機種の航空機、14機種の修理工場、14機種の整備と飛行訓練を運営し、14種の連邦航空局の証明書を必要としていますが、そのうち顧客にとって価値になるものはひとつもないし、顧客が金を払っても得たいと思うものもひとつもないのです。同社はそのことに気づき、合理化を進めてきました。

賢人の言葉

複雑さは年月とともに増す。
——エリック・クレモンズ
(ウォートン・スクール、2006年)

複雑さのコスト

サウスウェスト	アメリカン
 飛行機 ×1種類	 飛行機 ×14種類
 整備場 ×1舎	 整備場 ×14舎
 パイロット ×1人　整備士 ×1人	 パイロット ×14人　整備士 ×14人
 証明書 ×1枚	 証明書 ×14枚

複雑さは、必ずしも排除しなければならないわけではなりません。ただ、そのコストを請求しなければならないのです。バスキン・ロビンズ（サーティワン・アイスクリーム）は、1000種のフレーバーのアイスクリームを揃えているために複雑さが大きくなりますが、顧客はその対価を支払っています。複雑さを制するには、市場で最低水準の複雑さを維持するか、あるいは複雑さの大きい商品をコストを抑えて提供し、顧客に割増価格を払ってもらうしかないと、ジョージとウィズダムは言っています。

賢人の言葉

少数の論理でよい場合は多数の論理をたててはいけない。
——ウィリアム・オブ・オッカム
（1285〜1349年）

均衡点を見つける

ベイン社のマーク・ゴットフレッドソンは、複雑さの減少によってコストが抑えられ、収益が向上するのは確かだが、複雑さをすべて排除するのは間違っていると言います。ヘンリー・フォードは黒い車だけを生産するという過ちをおかしました。他の色の車の生産を始めた（複雑さを受け入れ）ゼネラルモーターズ社に追い越され、それ以後、市場リーダーの地位を奪い返せませんでした。また“イノベーションの均衡点”を見つけていない企業が多い、とフレッドソンは言います。「イノベーションの均衡点があれば、複雑さのコストを最小限に抑えながら、顧客のニーズに応える商品やサービスを提供できる」と述べ、企業の平均的な商品をひとつ選び、その商品だけを作るとしたらコストはいくらになるかを考えるよう奨めています。顧客価値を高める複雑さはどれかを調べ、顧客が対価を払うつもりがあるのなら、それを一度にひとつずつ加えるようにするのです。

イノベーションの均衡点は簡単に見つかるはずです。商品ラインを合理化すれば、ベストセラー商品が生まれやすく、売り上げも増えるでしょう。「17,000種の商品があるにも関わらず、小売業者が17の商品しか取り扱ってくれないとしたら、その商品が適切なものである可能性はどれくらいだろうか」

ウォートン・スクールでオペレーションおよび情報管理の教授を務めるエリック・クレモンズも、バランスを見つけることが大切だと言います。「複雑さの管理はコスト管理とは異なる」と指摘し、「コスト増に苦しめられることなく、顧客一人ひとりが求めるものを提供できるようにするものだ」と論じています。

賢人の言葉

複雑さのコストは
価格では相殺できない。
——ジェラルド・アーピィ
（アメリカン航空CEO　2003年）

ABCを学ぶ

複雑さのコストの実態をとらえるには、どこからそれが発生するかを商品ごとに特定する必要がある。管理費やマーケティング費といった間接費になっているときは特に注意しなければならない。この場合、従来の会計法は役に立たないだろう。直接労働や材料費の大きさに応じて、間接費をそれぞれの商品に配分しているからだ。しかし、似たような商品でも、機械を稼働させる時間が長い、管理に手間がかかる、売れるまでに時間がかかるといったことがあれば、他の商品のコストを負担していることになる。

その解決法として、ロバート・S・キャプラン（9ページ参照）とウィリアム・ブランズは、1987年、活動基準原価計算（ABC: activity-based costing）を提唱した。間接費を個々の商品に割り当てる手法で、製造業やサービス業の企業でも使うことができる。原価作用因（コストドライバー）を特定し、コストは活動内容や時間に応じてそれに割り当てられる。

活動基準原価計算を用いることによって、企業にとってもっとも利益となる顧客層とならない顧客層も特定できるので、経営陣はそれによってどこに問題があるのかを知ることができる。しかし、一般の会計基準に従っていないため、社内でしか使うことができない。2種類の計算書を作ることをためらって、使用しない企業もある。

まとめの一言

シンプルにする

CHAPTER 14 顧客関係管理

良い顧客を逃さないためには？

ビジネス理論のなかには、
何年も昔に登場した鈍感な経営理論者を
尊重するよう求めるものもあれば、
鼻で笑われるようなものもあります。
顧客関係管理（CRM）も必要以上に
冷笑の対象になっています。

timeline

1896
ロイヤルティ

1897
80対20の法則

劣悪な顧客管理は誰もが体験したことがあるでしょう。電話をかけ、「ご用のあるサービスのボタンを押してください」という録音メッセージを5回も聞かされたら、苛立つのではないでしょうか。しかし、考え方としては理にかなっています。顧客に注意を向け、ニーズと行動を知り、より良い関係を築き、最終的には、いまより多く売ろうとする手段だからです。

テクノロジー

顧客の情報を収集・分析して販売やサポート業務部の仕事を自動化するために、大企業はこうしたテクノロジーを多用していたことがあります。その結果、CRMがテクノロジーそのものと考えられてしまいました。実際、CRM企業といえば、ソフトウェアのベンダーでした。CRMプロジェクトが失敗に終わったり(大規模なITプロジェクトではよくあることです)、うまく実施できなかったりしたために、CRMの評判が少しずつそがれていきました。多額の資金を投じた話題のプロジェクトがいくつか中止になり、CRMの欠陥があらわになり始めたのです。CRMの登場は1990年代で、一般的な消費者がより多くの情報を受け取り、目を肥やし、ブランドへの忠実度を失いつつあるときでした。そんなとき、リテールバンクや保険会社がいち早く、大規模な顧客基盤をより効果的に管理する利点に気づいたのです。

学んだのは、新規の顧客を獲得するよりも、既存客の維持拡大に努めるほうがよりコストが少ないということです。80対20の法則(94ページ参照)によれば、利益の80%は20%の顧客から生じるので、他の顧客よりも価値が高い顧客というのが存在します。問題は、どの顧客がそうなのかを知ることです。

その問題は、テクノロジーを使ってデータウェアハウスやデータマイ

データウェアハウス

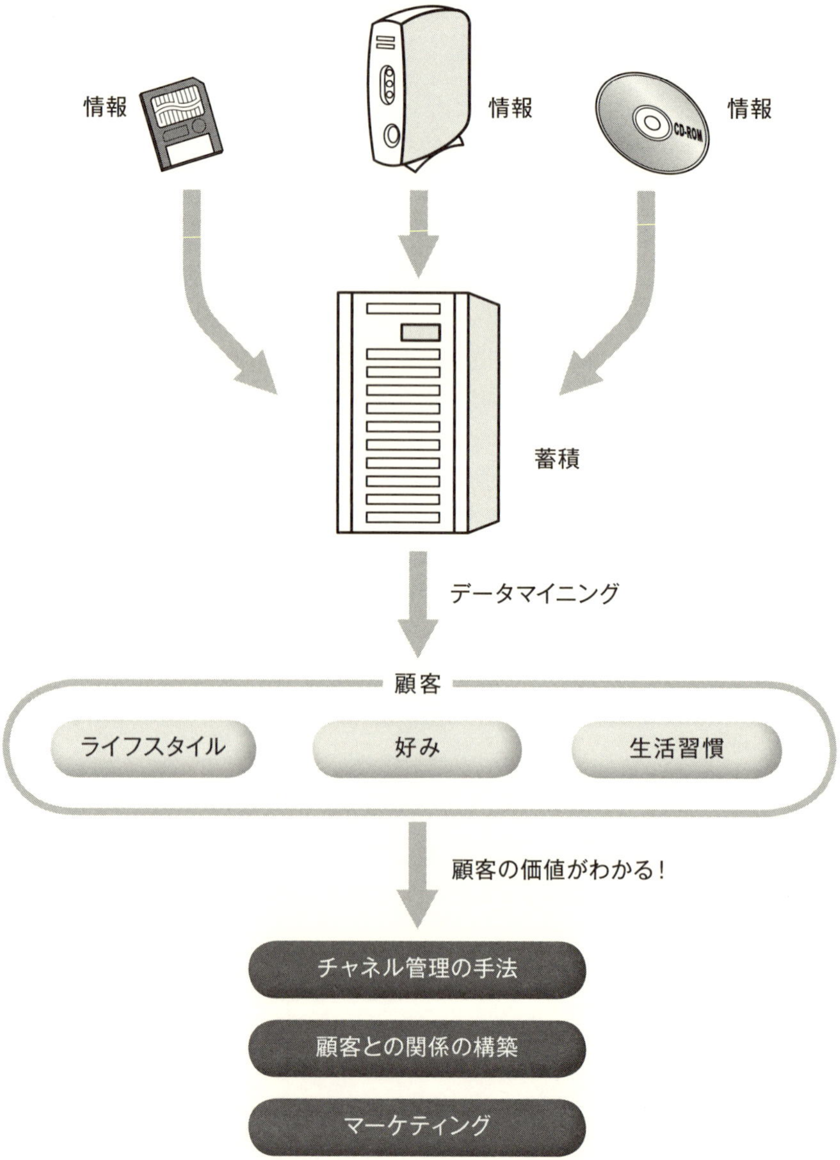
情報
情報
情報
CD-ROM
蓄積
データマイニング
顧客
ライフスタイル
好み
生活習慣
顧客の価値がわかる！
チャネル管理の手法
顧客との関係の構築
マーケティング

賢人の言葉

CRMはソフトウェアではなく
哲学であり、プロジェクトではなく情熱である。
――（Made2Manageシステムズ　2006年）

ニングを行うことで解決できます。データウェアハウスとは、抽出や分析が可能な形で情報を収集し、蓄積することです。また、そのデータを探り、知識を得るのがデータマイニングです。データマイニングによって得た知識により、顧客のライフスタイル、好み、購買慣習、さらにはそれを通じて、企業にとっての顧客の価値がわかります。その情報を使い、チャネル管理(42ページ参照)の手法を加味して、顧客との関係を築いたり、マーケティングを行ったりするのです。

顧客価値が低い顧客層には、電話やインターネットといったコストの小さいチャネルを用意し、顧客価値が高い見込み客には一対一の対面販売をするという選択肢もあるでしょう。顧客情報と顧客との関係をひとつのアカウント情報ファイルにまとめれば、業務、会計、営業、サポートといったすべての部門で情報を共有することができます。そうすれば、顧客がどんなチャネルから接触してきたとしても、いつも同じ情報をもとに対応できるのです。

クロスセリング

集中管理された情報は、クロスセリングの機会創出にも使われます。「お客様は当行で当座預金口座を開き、住宅ローンを組んでいる。次は保険を勧めてみよう」と考えられるのです。顧客のデータをさらに詳細に分析することによって、また別の機会が生まれます。たとえば、顧客の養老保険が満期に近づいていることがわかれば、投資信託などを勧めるチャンスです。購買決定をするきっかけとなることが多い人生の節目やイベントがわかれば、住宅ローンや、大学進学費用の積み立てプランや、退職金積立プランをいつ勧めればいいかがわかります。将来的には、取引を成立させるためにいつ値引きをすればいいかを知らせるといった、積極的なCRMのシステムが作られることでしょう。

CRMの分野を先導しているのは、金融サービスや通信業界で、他の企業もすぐそのあとに続いています。CRMは流行であるだけでなく、ひとつの産業になっています。CRMベンダーにとって大きな機会となるのは、チャネル、ウェブサイト、コールセンター、実店舗、外交営業員の働きを結びつけ、増大させるシステムを設計し、売ることです。そのシステムがデータを収集し、分析し、必要なところに送信するのです。

CRMに必要なデータは膨大になり、初期の頃はそれが問題でしたが、インターネットの発達によって、データを現場から離れた場所に蓄積できるようになりました。インターネット技術が演じる役割は大きく、柔軟性の増大により、従業員にも受け入れられやすくなりました。従来は、他部署の反発がCRMの成功を妨げていたのです。

CRMを効果的に利用するには、企業全体の戦略として取り組むことが必要です。顧客視点からチャネルを統一化しても、他部署が決められたとおりに動かなければなんの効果もありません。真夜中にインターネットで買い物ができるのは素晴らしいことですが、商品到着までに3週間かかるようでは意味がないのです。

賢人の言葉

CRMが成功するのは、巨大なジャックハンマーが内部の壁を打ち破るようなものである。

——ディック・リー（2002年）

未来

こうしたテクノロジーはコストがかかるので、CRMはこれまで大企業しか行うことができませんでした。最近では、アプリケーション・サービスプロバイダー（ASP）と呼ばれる企業が市場に参入してきて、規模の小さな企業が契約利用できるソフトウェアを提供しています。そのおかげで、市場にCRMの概念が広がりました。

CRMのおかげで2桁の収益増を達成した、生産性が改善した、満足度が向上したという企業はたくさんありますが、その一方で、プロジェクトの半数以上が、失敗か、期待以下だったともいわれています。それには多くの理由があるようです（コラム参照）。コールセンターの録音メッセージに苛立つ消費者には、その理由のひとつは明らかです。企業がCRMを試みるとき、顧客はあとまわしにされるのです。

賢人の言葉

CRMはバックオフィスから
フロントオフィスまで、業務のすべてを含む。
——リンダ・ハーシー
（LGHコンサルティング 2003年）

CRMの失敗

CRMプロジェクトは成功することもあるが、失敗も多い。なぜだろうか。CRMが「ソリューション」ではなく、企業文化だということを理解していないからだという者もいる。ITプロバイダーのCGIは、CRMが失敗する理由を次のように述べている。

1. 戦略なしにCRMプロジェクト始める
2. CRMの戦略が企業の戦略と一致していない
3. 使われるツールが、他社の成功を真似ている
4. 企業や顧客に対する配慮がない
5. 顧客からの意見を取り入れない
6. CRMをテクノロジーを使ったビジネス構想ではなく、単なるITプロジェクトと考えている
7. 評価指標や目標を定めずに始める
8. CRMを一時的なイベントととらえている
9. 顧客がいるというだけで、顧客中心の文化があると考えている
10. トップダウン型のリーダーシップや従業員の賛同がない

CGIはCRMを「プロセス、テクノロジー、従業員、情報を全社にわたって一体化させ、利益となる客を獲得維持する戦略」と定義している。

まとめの一言

すべての情報を集中管理する

CHAPTER 15 分権化

権限を委譲する利点は?

ゼネラルモーターズ(GM)は、ナンバー1の地位は揺らぎつつあるものの、製造業の世界では最大手企業です。同社の経営理念は、過去半世紀以上にわたって、近代企業の概念の試金石となってきました。同社が20世紀前半に行ったことは、企業経営手法として現在でも影響力をもっています。同社が行った最大のイノベーションは分権化です。

timeline

1920
分権化

1924
市場細分化

1938
リーダーシップ

企業経営者はGMからたくさんの恩恵を受けています。その第一は、ピーター・ドラッカーを世に送り出したことです。GMは、アルフレッド・P・スローンの指導のもと、企業と組織の改革を進めました。ドラッカーは、同社の改革と他社への影響を分析し、『企業とは何か』(上田惇生訳、ダイヤモンド社)を著したのです。後に、スローン自身も、『GMとともに』(有賀裕子訳、ダイヤモンド社)を著し、マイクロソフト会長のビル・ゲイツに「ビジネスについて1冊だけ読むとしたらこの本を選ぶべきだ」と評されました。ドラッカーは『企業とは何か』で企業経営を規律として確立しましたが、スローンは専門的職業として確立したといわれています。

スローンは企業の社長でありながら、のちに経営の権威として認められた稀有な存在です。1920年に、GMの経営が危機に陥ったとき、4人の経営陣のひとりとして同社に加わりました(3年後にCEOに昇格)。当時、25の自動車メーカーと多くの部品工場を抱えていた同社は、組織として整備されておらず、また、財政的にも破綻寸前でした。

彼は、まず、毎月の見通しと中央による予算管理によって、支出を管理することにしました。GMでは会計と財務は分権化されたことがありません。その後、本格的に市場を細分化して、同社の5つの車種をそれぞれの市場に売り込みました。また、それぞれの車種と3つの部品事業をひとつの事業部として独立させ、運営についての自主性を与えたのです。まさに「組織構造は戦略に従う」というビジネス・スクールの教えの見本のようなものです。

マルチファンクショナリズム以降

その頃、理由は異なりますが、デュポンも(拡大と複雑さの増大の結果)事業部制と分権化を進めていました。当時の大企業の組織の多くは、機能ごとに管理者の責務を分担するピラミッド型のもので、アルフレッド・チャンドラーはそれをマルチファンクショナリズムと呼びました。19世紀半ばの鉄道会社が、乗客、貨物、車両、鉄道網の管理など複雑多様な機能をまとめるために発展させたものです。

事業部制と分権化は、業務を実際に知っている現場に近いところに責務と意思決定機能を置くことです。そうすることで管理者のやる気を促し、現場と本部を行ったり来たりする時間の無駄を排除できます。さらに重要なのは、業務と戦略の切り離しが可能になることです。重役は現場の業務に直接責任を持たず、よく知らない現場の業務には口をはさむことができません。そのかわり、自己の利益を求める事業部の部長たちの参加を求めずに、企業全体の戦略を決めるのです。

事業部制

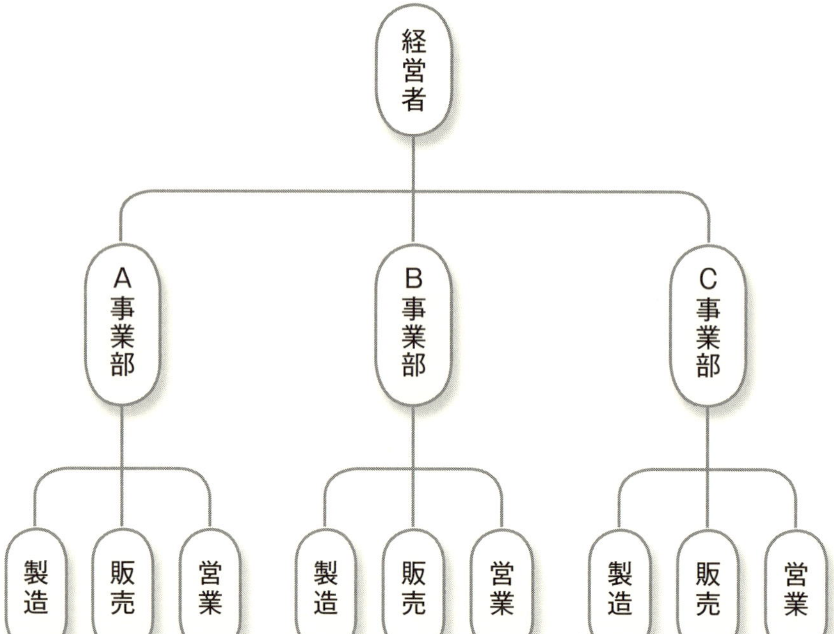

賢人の言葉

分権化は、それぞれの部署にそれぞれの基盤を置き、企業の一員としての意識を強化し、それぞれの責任と業績への貢献を認識させることで、組織の志気を高めることである。

——アルフレッド・P・スローン（1963年）

スローンいわく、企業のもっとも大切な機能は、経営資源の配分です。分権化では、資源の投入に対する成果が事業部ごとに分かります。GMは企業にとってより利益が大きくなる部署へ増加資本を割り当てることができた、とスローンは論じています。

こうした分権化による多数事業部制——M型組織とも呼ばれます——の利点が認められ、欧米の大企業ではそれが標準になりました。スローンの指導により、M型組織の事業部は資金を得るために他事業部と競争することになりました。過去の業績と将来の計画を示し、自分たちこそが資金を得るべきだと示すのです。

さらに

今日でも、分権化があまり進んでいない企業もあります。日本企業は工場へ意思決定権を上手に委譲していますが、分権化は進んでいません。意思決定が合意をもとに行われるので、欧米とくらべてそういったことがあまり問題にならないのかもしれません。石油・石炭会社には、重要な技術を企業の中枢に集め、意思決定をそこで行っているところもあります。

チームビルディングが流行となりつつある一方で、分権化された組織の多くはピラミッド型のままです。しかし、変化を求める声も現れています。ドラッカーは、1998年、『経営のニューパラダイム』という論文を発表し、健全な組織を作る基本は、管理階層をできるだけ少なくすることだ、と主張しました。情報理論の第1法則によると、情報は中継者が増えるたびに、ノイズが2倍に増え、メッセージが半分に減るといわれているからです。また、彼は、企業の正しい築き方はひとつではないのに、チーム作りが問題の解決策として強調されすぎてきた、と言います。従業員が、チームへの忠誠心と業務ラインの長への忠誠心との板ばさみになってしまうこともあります。しかし、危機に際しては、命令を出す統括者はひとりでなければなりません。従業員は、あるときはチームで、あるときは指揮統制のもとで働くことを学ばなければならないのです。ドラッカーは常にその中庸を主張しました。

マサチューセッツ工科大学スローン経営大学院のトム・マローンは、企業の分権化は異なる方法で続いていくだろう、と述べています。新世代ITの到来を背景に、在宅勤務が増加しつつあるからです。新たな、低コストの通信手段により、大企業の従業員も十分な情報を得ることができれば、より知識のある人から指示されなくても、自身で適切な判断ができるようになります。自分自身の判断で働くことができれば、やる気がより促され、柔軟性や独創性を発揮できるでしょう。

賢人の言葉

効果的な経営を行うには、中央集権と分権化のあいだを状況に応じて柔軟に行ったり来たりする能力が求められている。
——トム・マローン(2004年)

冷却装置

アルフレッド・P・スローンが意のままに行動していたら、経営書の歴史は変わったかもしれない。スローンは、ピーター・ドラッカーがGMの内部を嗅ぎ回ることに利点があるとは感じていなかった。同僚たちはドラッカーを招き入れるのに賛成だったが、スローンは絶対的な権力をもって経営することには反対だったのだ。結果的に、ドラッカーも、スローンも著書を残し、それらが古典となっている。
GMの会長兼社長であったスローンは、機知にすぐれ、将来を見越した企業作りを行った。また、当時の研究所長と交わした書簡を読むと、気難しい人々の話もよく聞き、忍耐強く接していたことがわかる。研究部長は冷却水不要の銅冷式エンジンを採用すれば、より安く安定したエンジンを作ることができ、フォードとも渡り合えるだろう、と信じていた。
重役会によって、プロジェクトは事業部に託されたが、すぐに行き詰まった。試運転もうまくいかず、所長は激怒した。スローンは彼をなだめる手紙を書き、重役全員の署名を入れて送った。しかし、所長は怒りを鎮めることができず、辞職を申し出た。スローンはふたたび手紙を書き、そうした車を作る自信がなかったことを説明し、次のように付け加えた。「我々がやるべきことは、従業員もあなたと同じように物事がとらえられるようにすることです。それができれば、問題は解決するでしょう」所長は辞職を思いとどまった。スローンがこのような配慮を示す人だったというのを知るのは、嬉しい驚きである。

永遠の名著『GMとともに』ピーター・ドラッカー

『GMとともに』に示された英知とはどのようなものだろうか。少なくとも私自身はどう解釈したかを、以下にまとめておきたい。

経営の舵取りには豊かな経験と高い専門性が求められ、その条件を満たした人が経営者となる（あるいはなるべきである）。

医者や弁護士など他分野の専門家と同じく、経営者も顧客（クライアント）を持っている。経営者にとっては自らが率いる企業がクライアントであって、私利私欲よりも社の利益を優先させなくてはならない。

プロフェッショナルは、個人的な意見や好みをもとに判断を下してはならない。事実のみを拠り所とするのである。

プロフェッショナル・マネジャーの仕事は、人々に好意を持つことでも、変えることでもない。強みを引き出して、業務に振り向けさせるのだ。

人材の価値や仕事の中身を評価する際には、意味を持つのは実績だけである。ただし「実績」とは、利益を上げることだけではなく率先垂範する姿勢をも指す。誠実さも求められる。

意見の相違、いやそれどころか対立は不可欠であって、望ましいとすらいえる。意見を戦わせないかぎり、互いを理解することはできない。

プロフェッショナル・マネジャーは奉仕の精神にあふれていなくてはならない。高い地位にあるからといって、特権が認められるわけではない。権力が与えられるわけではない。与えられるのは責任なのである。

永遠の名著『GMとともに』ピーター・ドラッカー より抜粋
『GMとともに（新訳）』（有賀裕子訳、ダイヤモンド社）

まとめの一言

戦術と戦略を分けられる

CHAPTER 16 多角経営

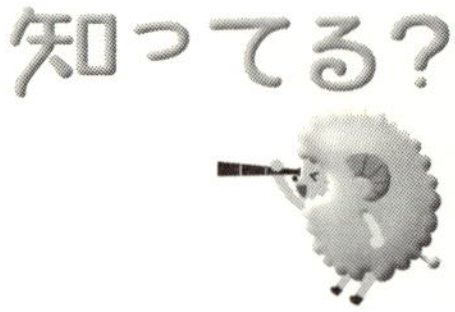

成功した企業が、次に考えるべきことは？

インターネットの王アマゾンとグーグルは急成長したために、他企業よりもずっと早く次の展開を期待される瞬間を迎えました。両社の属する業界にとって、スピードはとても大切です。しかし、成長を持続させるために戦略を選択していかなければならないのは、他の企業と同じです。つまり、業務を拡大するか多角化するか、自社で構築するか他社から買うかという決定を行わなければならないのです。小売のアマゾンは、現在、オンラインストレージとコンピューティングパワーを売ろうとしています。また、サーチエンジンのグーグルは、ソフトウェアを提供し、マイクロソフトに真っ向から挑戦しています。うまくいくでしょうか。両社が選択しようとしている多角化は、決して安全な道ではありません。

timeline

1886
ブランド戦略

1916
多角経営

1938
リーダーシップ

多角経営は典型的な成長戦略です。成功企業であれば、進化の過程で必ず考えることです。新市場に進出して新商品を売るのは、アンゾフの商品・市場マトリックス(66ページ参照)のなかでもっともリスクが大きいもので、熱烈に支持する人もいれば、断固反対する人もいるでしょう。多角経営戦略により、1916年頃、アメリカでは企業合併が相次ぎ、経営企画担当者が活躍した1960年代と70年代に最高潮に達しました。企業経営者たちは、自分たちがなんでもできるプロだと考え、まったく無関係の事業に手を広げました。それにより、帝国を築き上げた者もいます。ハロルド・ジェニーンのITT社がわかりやすい例でしょう。同社はシェラトン・ホテル、エイビスレンタカー、ハートフォード生命、コンチネンタル銀行といった企業を買収してコングロマリットを作り上げましたが、うまく機能しませんでした。

その後、同社は、少なくともヨーロッパとアメリカでは、信用を失いました。そして、1980年代になると、多角経営企業の多くが、収益性の低い非中核事業を売却するようになりました。多くのコングロマリットが、買収されたり、細分化されたりしました。1990年代には、ふたたび多角化の傾向が見られようになりましたが、ITT社のようなことは行われませんでした。どちらかというと戦略的再編や、業界あるいは市場におけるシナジーを期待できる買収が多かったのです。

ステークホルダーの力

多角経営のコングロマリットが衰退したのは、1980年代に、株主の力が強くなったせいでもあります。株主は、買収による多角化は、収益性向上のためでなく、企業規模の拡大を求める経営陣のエゴによるものだと感じることが多いのです。合併企業の大半が利益率の増加を達成できないことを考えると、株主たちのいうことにも

1965
企業戦略(コーポレートストラテジー)

1983
グローバリゼーション

1998
コーポレートガバナンス(企業統治)

一理あるかもしれません。彼らは経営陣をクビにしたり、株を売却したりして、企業に抗議をしました。株価が下がった企業は略奪者の餌食になってしまいます。数々の企業買収が起こり、1988年、史上最大の買収が行われました。RJRナビスコがレバレッジドバイアウト（LBO）企業に買収されたのです。それ以来、企業経営者は、自分たちの行動を抑制しようとするようになりました。

また、多角経営を正当化するためによく使われる理由に、リスクを軽減する、というのがあります。確かに、相関が無い産業は景気の循環も異なる傾向にあるので、収益の変動は小さくなるかもしれません。しかし、株主たちはその理由も受け入れないのです。投資先はコングロマリットに頼らずとも自分で選ぶことができるので、専門化した企業を好むのです。

賢人の言葉

多角経営は企業にとっての地雷だ。
――ロバート・M・グラント（1995年）

リスクが小さい

コングロマリットの時代は終わりを告げました。今日の「多角化」とは、既存市場に新商品を導入する、あるいは既存商品を新市場に持ち込むことと考えられています。

賢人の言葉

すぐれた多角化は、競争力が高い中核事業を基盤にしたものである。
——トム・マローン（2004年）

多角化は、企業買収だけでなく、自社で開発することによっても可能です。株主たちは、動機が健全でさえあれば、そのほうがリスクが少ないと考えます。よく見られる動機のひとつは範囲の経済性と呼ばれるもので、複数の商品が、マーケティング、物流、研究開発、ブランド名などを共有することです。また、中核技術を関連分野に拡大する場合もあります。トイレタリー商品を作り始めたジレットや、食品産業へと参入したマークス＆スペンサーなどがその例です。

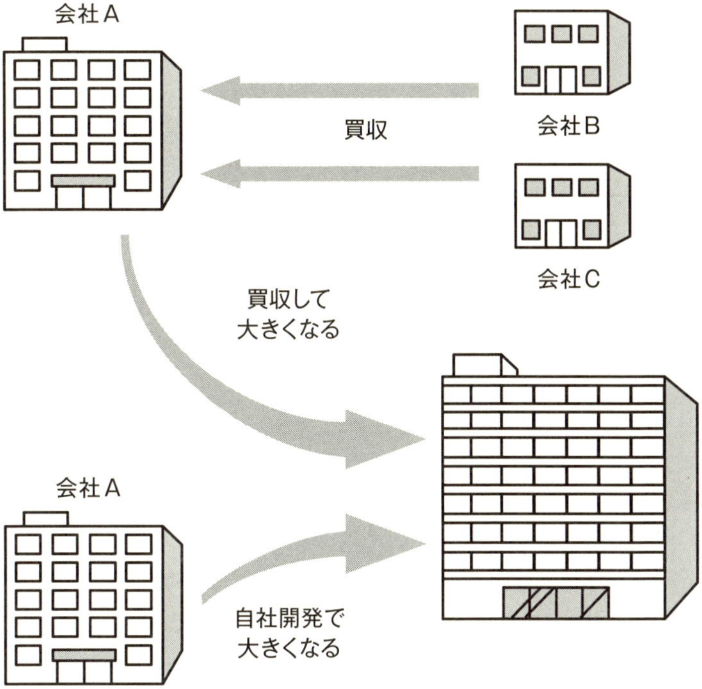

地理的な拡大のほうが事業の多角化より好ましいという人もいます。この場合は、規模の経済（同じ商品をたくさん作るほうが、単位原価が小さい）を図ることができ、マーケティングリソースを有効に活用できます。多国籍企業は、原材料や賃金率が低い国へと生産機能を移すことができるので、国内企業よりも柔軟性が大きくなり

ます。また、利益や損失益を、税金面で利点のあるところへ移すことも可能です。しかし、基本事業の足元が固まるまでは、多角化は考えないのが大原則です。多角化は、主産業から時間も資金も注力も奪ってしまうからです。

新市場は既存のものより大きな利益が見込めるのでしょうか。そうでないなら、既存の市場でシェアを拡大するほうがいいかもしれません。既存市場が成熟し、これ以上、成長が見込めないのであれば、多角化が有効な防御策になるかもしれません。しかし、新規市場に参入するには費用がかかります。その資金はあるでしょうか。また、新市場に既に参入している企業と対抗できる競争力があるでしょうか。

多くの企業が多角化に失敗する一方で、既存の企業ブランドを（36ページ参照）活かして成功する例もあります。ヴァージンは、ITTでさえ照準が絞られていると思えるほどの多角経営企業です。レコード事業で創業し、現在は、航空、飲料、ケーブルTV、携帯電話、金融サービス、スポーツクラブ、ウェディングサービスといった事業を展開しています。キャノンはカメラからオフィス機器製造へと大きな飛躍を果たしました。

アマゾンとグーグルの多角化に関してはさまざまな意見があります。アマゾンは、大通りを渡ってコンピュータ事業に参入するようなことはせず、隣の小売り事業に留めておくべきだという人もいます。また、ソフトウェアへ進出するグーグルは、成否にかかわらず、YouTubeを高額で落札したことにより、すでに「勝者の呪い」の状態に陥ってしまっていると考える人もいます。こうした道が緑の牧草地に辿り着くにせよ、荒野に辿り着くにせよ、将来、ビジネス・スクール必読書の題材になるのは間違いないでしょう。

エージェンシー問題

株主（企業の所有者）と企業の取締役と（雇われ）経営陣が求めるものは、必ずしも一致するとは限らない。三者のあいだに起こる非建設的な対立はエージェンシー（代理人）問題と呼ばれ、その結果、エージェンシーコストが発生する。

株主が苛立つのは、代理人（経営陣）が彼らよりも企業のことを理解していて、ときには利益をないがしろにして、企業規模の拡大を図るというような計画を推し進めてしまうことだ。企業の規模が大きくなれば、重役や支払い報酬が増え、昇進が増えることにつながる。経営陣と利益を一致させるために、株主は経営陣に十分な報酬を払い、ストックオプションを用意して、将来の利益に対する権利を与えなければならない。これはコストである。経営陣を解任することもできるが、簡単なことではない。また、株を売却して、企業を買収の危機にさらし、経営陣を退陣に追い込むこともできる。

株主は、証券取引所や当局と協調して、企業に可能な限り多くの情報を求めている。誰もが株価には敏感であるうえ、定期的な報告書を求められると、短期志向（株価を短期的に上昇させるために、企業の長期的関心とは無関係のことをする）に陥る。これもまたコストである。

社債保有者もまた別のコストを要求してくる。資金を提供する見返りとして、企業の活動を制限し、業績向上を期待するのである。

まとめの一言

主幹事業を離れるのが賢い選択かどうか

CHAPTER 17 80対20の法則

知ってる?

最小限の努力ですむ法則からわかることは?

ビジネスも人生も、いくつかの基本原則があれば、対処が容易になります。ビジネス理論家は、多くの時間をかけて、どのような場合にもあてはまる原則を突き止めようとしますが、物理学や統計学が優勢な労働の現場を離れると、予測できないことが多くなります。しかし、80対20の法則は信頼できるものです。

timeline

14世紀
複雑さのコスト

1896
ロイヤルティ

1897
80対20の法則

賢人の言葉

80対20の法則は、
どんな産業にも、どんな組織にも、どんな部署にも、
どんな仕事にもあてはまる。
――ジョゼフ・M・ジュラン

80対20の法則によると、結果の80%は、原因の20%によるものだと言われます。つまり、成果の80%は行った努力の20%から生まれるものだということです。その逆のことも言えます。単純明快ですが、企業経営にとっては多くの意味があります。

この原則は、経済学者であり社会学者でもあるイタリア人、ウィルフレド・パレートが1897年に発見したものです。パレートはイギリスの富の格差を研究し、20%の人々が80%の富を所有していることに気づきました。さらに、どんな時代でもどんな国でも、同様の状況にあることを見出しました。しかし、そこまでで、それ以上のことに注意を払う人はいませんでした。ところが第二次大戦後、少なくともアメリカを中心に活動する2人の研究者――言語学者とエンジニア――が、この発見を広めました。

言語学者ジョージ・K・ジフは、1949年、これを「最小努力の法則」と呼びました。資源(リソース)は労力が最小限ですむように自らを調整するようになっていて、結果の70%から80%が、リソースのうちの20%から30%によって生み出されるというものです。もうひとりはエンジニアのジョゼフ・M・ジュランで、この法則にパレートの名前を付けましたが、「重要な少数の法則」とも呼びました。故障の原因を頻出度順に並べたところ、そのうちの少数が故障の多くの原因となっているというのです。この統計結果は品質管理に活用され、大きな効果をあげました。

アメリカではジュランの仮説はあまり注目されませんでしたが、1953年、日本に招かれて講演をした際は大歓迎され、同時期に日本に滞在していたW・エドワーズ・デミングとともに、日本の粗悪な製品基準を世界一流に引き上げました。自国で認められなかったアメリカ人のノウハウによって日本の製造業はアメリカの水準を上回り、今度はアメリカがかつて拒絶した法則を日本に学ばなければならなくな

1951
総合的品質管理(TQM)

1990年代
顧客関係管理

ったとはなんとも皮肉なことです。

予測可能なもの

80対20の法則は、ときに70対30だったり、90対10だったりすることもあるでしょう。大切なのは、リチャード・コッチが『人生を変える80対20の法則』(仁平和夫訳、阪急コミュニケーションズ)で述べたように、世の中には予測可能な不均衡が存在するということです。

犯罪の世界では、20%の犯罪者が80%の犯罪をおかしているそうです。自動車事故の80%は20%の運転手が起こし、離婚の80%は既婚者の20%によるものだとも言われています。

ジュランの理論が日本に伝わったのち、この法則に最初に飛びついた企業のひとつがIBMでした。1960年代、同社はコンピュータ処理にかかる時間の80%がコード全体の20%を実行するためだということに気づいたのです。そして、その20%のアクセスと実行がより容易になるようソフトウェアを書き換え、競合企業のものよりも速く効率的に動くようにしました。その後に業界に参入したアップルやマイクロソフトも、この教訓を忘れませんでした。

20%の努力が結果の80%を生み出すという原則が企業にも当てはまるとすれば、とても魅力的です。最少の努力で大きな収益を得られるのですから。この法則によれば、どんな産業でも、20%かそれ以下の供給者が市場の80%の商品を供給していることになります。実際には、新商品や改良品の登場によってこの均衡は長く続きませんが、企業のイノベーションが進み、より多くの市場に参入するようになると、パレートの法則がはたらくようになります。すなわち、20%の市場、顧客、商品が営業利益の80%を生み出すのです。さらにそれを生み出すのは20%の従業員です。つまり利益を増やすには、既に最大の利益を上げている市場、顧客、商品に注力すべきなのです。また、企業においても80%の利益を創出している20%のリソース(従業員、設備、営業チームや地域)を強化し、残りの80%を排除したり改善したりするべきとも考えられます。

コッチは、80対20の法則をあまり厳格にとらえないように、とも言っ

賢人の言葉

わたしがこれまでと異なる枠組みを構築したのなら、これをジュランの原則と呼ぼう。
——リチャード・コッチ(1997年)

ています。たとえば、多くの書店では、20%のタイトルが売り上げの80%を占めています。だからといって、残りの80%を扱わないことにしてもいいのでしょうか。そんなことはありません。客は、たとえ買わないにしても幅広い品揃えを期待しています。商品を限定すれば別の店へ行ってしまうでしょう。そうではなく、利益の80%を提供してくれる20%の客に注力し、彼らが望むものを提供するべきなのです。

ゼネラルモーターズ(GM)発の日本の品質革命

GMは、高品質の日本車に苦しめられた。しかし、同社は知らないうちに、それに寄与していたのだろうか。品質管理のマイスターであるジョゼフ・M・ジュランは、1930年代、同社を訪れエンジニアたちと意見交換を行った。パレートの法則を用いた品質管理によって日本製品の飛躍に火をつける前のことである。そのとき、余興としてエンジニアたちから暗号化したメッセージを渡され、ジュランはそれを見事解読した。その後、彼はこう語っている。「彼らは暗号が解読されたことに驚いていた。わたしは奇跡の男というオーラを発していたらしい。おかげで秘密の扉が開かれ、その向こうに初めてパレートの業績を見ることができたのである。扉を開けてくれたのは、重役報酬プログラムを統括していたマール・ヘイルである。ヘイルは、重役報酬のパターンをパレートの数学的モデルと比較研究した結果を見せてくれた。それは驚くほど一致していた。パレートは富の不均衡な分配について研究し、定量化するための数学的モデルを作っていたのである」ジュランはそうしたすべてを統合したものを携えて、10数年後、日本を訪れた。

まとめの一言

すべてが同じように大切ではない

CHAPTER 18 エンパワーメント

現場に 意思決定権を 与えると?

現代のビジネス手法は、「科学的管理手法」によって始まりました。それ以前の労働者はそれぞれのやり方で仕事をしていましたが、フレデリック・W・テイラーが、労働は、時間を計り、評価しながら、唯一最善のやり方で行われるべきだという科学的管理手法を提唱したのです。わずかに残された自己表現の手段は意見箱でした。しかし、エンパワーメントはそれとは対極にあります。

timeline

1911
エンパワーメント、科学的経営

1938
リーダーシップ

職場におけるエンパワーメントは、ある意味、以前の状態への回帰とも言えます。歴史はそれほど長くなく、1977年、ロザベス・モス・カンターが『企業のなかの男と女——女性が増えれば職場が変わる』(高井葉子訳、生産性出版)により大企業における女性の役割の重要性を論じたときも、それについてはあまり触れられていませんでした。同書は、従業員を厳格なピラミッド型の組織から解き放ち、組織の柔軟性を高め、従業員に現場における意思決定権の一部を委譲する(これがエンパワーメントの定義として妥当なところでしょう)動きの先駆けとなるものでした。今日では、従業員の自主性を重んじることにより、やる気を育て、満足感と、エンゲージメント(心の結びつき)を強化することができることを論じた研究が多く発表されています。

エンゲージメントをもつ従業員は、企業に強い感情的な絆を感じています。彼らは自分の企業を誇りに思い、企業が成功するために時間や努力を注ぎ込み、独創的なアイデアや問題解決の方法を考えだそうとします。カンターが紹介したある繊維会社では、生産の段階で糸が切れてしまうことがコストの原因と競争力の弱体化につながり、長い間、問題になっていました。ところが、ある新しい重役が、変化を求めるために従業員と話し合いの場を持ち、全従業員から改革のためのアイデアを募ったのです。若い頃、移民としてやってきた古参の従業員がある案を出したところ、それがうまく機能しました。いつそれを思いついたのか、と尋ねられて、従業員は答えました。「32年前」

ただの仕事だから

チームの一員として共通の目的に取り組むことで、やる気が生まれます。欧米企業は、日本の「カイゼン」チームといった組織からそれを学びました(156ページ参照)。1999年のギャロップ社による調査で

1951
総合的品質管理(TQM)

1960
XY理論(およびZ理論)

1990
学習する組織

は、エンゲージメントをもつ従業員は、生産性が高く、顧客を大切にし、企業にさまざまな利益をもたらすことが示されています。また、問題を起こすことも少ないので、辞めて他企業へ移ることもあまりありません。「ただの仕事だから」と、エンゲージメント不要論を唱える人もいます。エンパワーメントは、実際には従業員になんの権力も与えず、搾り取れるものを搾り取ろうとするだけだと批判する人もいます。しかし、意思決定の権限が与えられた職場は、より前向きで、ときに素晴らしい成果をあげると考える人もいます。

そういう結果が出ないのだとしたら、それはエンパワーメントではないのかもしれません。経営陣は従業員の提案を受け入れるふりをするだけで、実際には実行しないこともよくあります。エンパワーメントがなんであるかさえ、理解していないのでしょう。従業員の意見を訊くことと、職場での意思決定権を与えることとは異なります。たとえ、決定権を委譲しても、決定をのちに覆すようなことをすれば、現場は権限を与えられたようには思えないでしょう。また、監視が強すぎるのは従業員を信頼していないことになるし、あまり監視しないのも無関心のようで、やる気を削いでしまいます。

従業員一人ひとりの仕事の重要性を認めることは、企業への忠実度や顧客サービスになによりも大きな影響を与えることが最近の研究でわかってきました。あるコンサルタントがいうように、従業員は「石を切り出しているのではなく、大聖堂を建てている」といった考え方ができるようになるのです。彼らは自分になにが期待されているかを知りたいと思い、それを達成するためのリソースも必要としています。従業員が越えてはいけない権限の範囲、主要な方針や原則、侵してはならない領域など、基本的な原則ははっきりさせなければいけないでしょう。また、誰に対して、いかに説明責任を負っているのか、昇進、賞与、激励（賞与よりも激励に価値を見出す人もいる）や解雇など、成功あるいは失敗するとどうなるのかをきちんと知らせる必要もあります。基本的な指針を示したら、いかに業務を進めるかを決めるのは従業員に任せるべき、とエンパワーメントの支持者は言っています。

賢人の言葉

企業が巨大になると、その大きさが従業員が抱える共通のジレンマとなる。

——ロザベス・モス・カンター（1972年）

リーダーシップ効果

リーダーは、エンパワーメントを責務のひとつとして行わなければなりません。そうしないと、組織全体が権限の委譲を行わなくなってしまいます。自分自身の権限が奪われそうになったり、制限されたりするマネジャーは、部下の権限をできるだけ奪おうとします。権力の2つの側面(得ることと与えること)は密接に結びついている、とカンターは言います。リーダーシップの専門家であるウォレン・ベニス(147ページ参照)は、エンパワーメントはリーダーシップの集団効果だと述べ、すぐれたリーダーが存在するところでは、エンパワーメントが行われていることがはっきり示されていると言います。それがわかるのは、従業員が、自分たちが企業の成功のために重要な役割を果たしていると感じていることです。小さなことかもしれませんが、大きな意味があります。また、業務上のスキルを向上させ、人間として成長するために、能力や学ぶことを重要視していることです。

ベニスはエンパワーメントとリーダーシップによって、特に仲が良くない人々の間にも、連帯感を築くことができると言います。その例として、月面に着陸したニール・アームストロング船長と彼のチームが、相互に依存し合うことによって、きわめて困難な仕事をやり遂げたことを挙げています。「彼らは互いに兄弟のような絆を感じていたという。女性宇宙飛行士が登場した今日では、"家族"のような感覚だろう、とわたしは考える」また、エンパワーメントが行われている職場では、働くことがより刺激的で、楽しくなると論じています。そして、義務感からではなく、自ら進んで仕事に没頭するようになるのです。目標を押し付ける(プッシュ)のではなく、引き出す(プル)のが組織のリーダーには重要なのです。プル型のリーダーシップは、人々を引き付け、やる気を起こさせ、将来のビジョンに参加させることを可能にします。賞罰ではなく、組織への帰属意識を強化することによって、モチベーションを高めるのです。

賢人の言葉

仕事が好きであれば、報酬への期待や懲罰への恐怖によって管理される必要はない。

——ウォレン・G・ベニス(1993年)

エンゲージメントレター

出版社やシャンプーの製造業者は外装と売り上げの関係を理解している。ビジネス思想家も同様である。西オンタリオ大学のジェラール・セイツとダン・クリムも最近、エンゲージメントをもつ従業員は競争力創出に貢献するという観点から、以下のような従業員エンゲージメントのCの10箇条を作った。

1　Connect（つながり）

リーダーは従業員を大切にしていることを積極的に示さなければならない。従業員が積極的に業務に関わっているか否かは、従業員が上司との関係をどのように考えているかを直接的に反映している。

2　Career（キャリア）

リーダーはやり甲斐と意味がある仕事と昇進の機会を従業員に与えなければならない。ほとんどの人が仕事に新しいものを求めている。

3　Clarity（明快さ）

リーダーはビジョンを明らかに示さなければならない。従業員は企業の将来に対する計画や、チームや部署のリーダーが掲げる目標を知りたいと思っている。

4　Convey（情報を伝える）

リーダーは従業員に期待するものを明確に伝え、働きに対するフィードバックをしなければならない。

5 Congratulate(讃える)

すぐれたリーダーは、部下の働きに感謝の意を示す。それも頻繁に。業績が悪かったときはすぐにフィードバックがあるが、業績が良かったときはほとんど何も言われない、という従業員の声をよく聞く。

6 Contribute(貢献する)

従業員は彼らの仕事は重要で、組織の成功に意味がある貢献であることを知りたがっている。

7 Control(コントロール)

従業員は仕事のやり方やスピードを自分たちで決めたいと考えている。また、リーダーはそれが可能になるような機会を従業員に与えるべきである。

8 Collaborate(協力)

従業員がチームを作り、互いに信用して協力するようになると、個人や関係を築くことができないチームよりも良い業績をあげることができる。

9 Credibility(信用)

リーダーは企業の評判を維持し、高い倫理観を示さなければならない。従業員は自分たちの仕事と業績と企業に誇りを持ちたいと思っている。

10 Confidence(自信)

すぐれたリーダーは、自ら高い倫理観と業績を良い例として示すことによって、従業員に自信を与える。

まとめの一言

現場の責任感とモチベーションが高まる

CHAPTER 19 アントレプレナーシップ（起業家精神）

起業家精神に火をつけるには?

起業家はアイデアを持っています。
リスクを負います。野心があり、活力に満ち、
機転がきき、人の気持ちを引き立てます。
大企業は、対応が遅く、大胆な提案はすぐに押しつぶしてしまいます。まず、自分を守ろうとする本能が働くので、慎重で保守的です。そうした企業で、起業家精神に火をつけるにはどうしたらいいのでしょうか。
簡単なことではありませんが、解決策はあります。
それは、企業内起業です。

timeline

1450
イノベーション（技術革新）

1911年、ヨーゼフ・シュンペーターは、起業のすばらしさについて説きました。大企業が起業家のようなことを行おうとしているのは、他社よりも早く、市場におけるチャンスを見つけ出したいと思っているからです。市場に注意を払わなかったために、大変な目にあったという話は事欠きません。ジョンソン&ジョンソンは金属ステント(詰まった血管を開いておくチューブ)の分野で90%を超える市場シェアを誇っていました。ところが、競合企業が次世代機器の認可を取得したときに対応が遅れ、ようやく本格的に取り組み始めたときは、シェアは8%に落ち込んでいました。また、IBMが*ERPの開発をやめたとき、ドイツ人のエンジニアたちは退社し、自分たちの会社を設立しました。それがSAP社で、同社は何十億ドルという売り上げを達成したのです。

＊ERP
組織内の経営資源を総合的に管理し、経営の効率化を図るための手法(訳注)

大企業は複数の市場で活動しているので、多くの目が必要です。市場には、潜在的な競合企業がいて、より進んだ方法で顧客のニーズに応える準備をしているかもしれません。イノベーション(132ページ参照)によってスキルを磨いていかなければ、動きが速いライバルに拡大を妨げられてしまいます。

スキルを買う

企業内起業家精神を育むにはさまざまな形がありますが、もっとも効果的なのは企業内ベンチャーの設立でしょう。ハイテクや医薬品など、新市場に参入するコストのほとんどが知力であり、小規模の企業でもすぐれた新商品があれば、比較的容易に大企業に挑むことができるので、成長産業ではよく行われています。特に脅威に感じるものがあれば、業務提携をし、未来へ向かってともに歩むのがいいでしょう。成功の見込みが高い企業に若干の出資をするのが一般的なベンチャーですが、株式を保有しない提携もあります。

賢明な企業がベンチャーキャピタルと提携するのは、ベンチャーキャピタルは撤退すべき時を見極めるのに長けているからです。新規事業への投資は半分以上が失敗に終わるので、こうしたスキルは有益であり、費用の節約にもなります。半導体製造のインテルは、1991年以降、40億ドルを1000社以上に投資し、そのうち310社を売却、あるいは上場させました。ノキアも積極的にベンチャーへの投資を行っています。BTも新事業を起ち上げましたが、その後、株式の大半をベンチャー投資家に売却しました。

また、社内起業家という言葉も生まれました。1985年、ギフォード・ピンチョーが『社内起業家』(清水紀彦訳、講談社)で、社内起業家を「大企業に雇用されながら、企業全体の利益のために起業家のようなことを行う人」と定義しています。多くの企業では、社員は夢想派か実行派のどちらかに分類されますが、社内起業家は夢を実行する人で、たとえ経営陣が反対しても、良いアイデアがあればそれを推し進めます。社内起業の失敗については、次のように助言しています。「許可を得るよりも、許しを乞うほうが容易である」そして、企業は彼らに時間とリソースを提供するべきだと言います。しかし、企業が出資する起業は、経営陣が戦略としてやらなければならないことをやっているだけにすぎない、という見方もあります。

さらに、市場の売買メカニズムを、社内における取引、情報の共有、予測などに導入するという手法もあります。その手法を取り入れたのがエンロンでした(同社の破綻は手法の間違いではなく、同社自身の問題によるものです)。企業内のある部署が他の部署に「売る」という社内売買的な習慣はこれまでにもありましたが、この手法はそれをさらに進めたものです。たとえばBPは、温室効果ガスの排出を減らそうとしたとき、各事業部に1トンの二酸化炭素を排出する権利を与えました。その一方で、この権利を社内で取引できる電子システムを導入したのです。事業部Aが二酸化炭素の排出量を0.5トンに減らすことに成功し、事業部Bが依然として1.5トン排出しなければならない状態にあれば、AはBに0.5トン分の権利を売ることができます。権利を買うBになりたいと考える部署はないでしょう。同社は削減目標を予定よりも9年早く達成できるだろ

賢人の言葉

社内起業家は、待つべきときに動いて、苦境に立たされることが多い。
——ギフォード・ピンチョー(1987年)

賢人の言葉

起業家精神はすべての企業に必要だが、度を越すと、企業を弱体化させる危険があることを理解しなければならない。

――ジュリアン・バーキンショー（2003年）

CO_2排出権取引

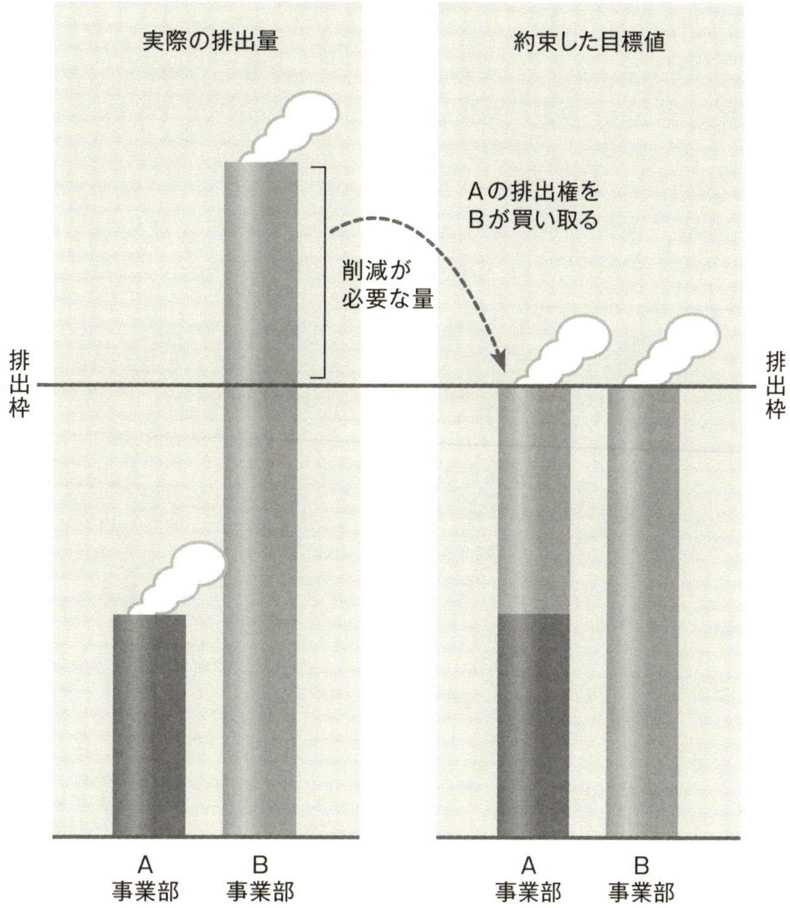

うと目論んでいます。ほかにもこうした例はたくさんあります（コラム参照）。

同社はさらに、最終的な手法である「起業家への転換」も用いました。従業員、特に事業部の部長たちが、起業家のように考え、起業家のように行動することができるよう、組織と文化全体を変えたのです。

契約する

ロンドン経営大学の戦略および国際マネジメントの専門家であるジュリアン・バーキンショーは、BPの改革を研究し、組織には、本質的に、責任を誰かに負わせるというマネジメント哲学が根付いていると言いました。経営陣と事業部の責任者との間で契約（177ページ参照）を交わせば、事業部の責任者は一定の制約のもとで、自由に活動できます。経営陣は制約を定めると同時に、支援も提供します。その結果、4つの要素からなる経営モデルが生まれました。

1 方向性

戦略、目標、参入する市場、市場でのポジショニング。「世界をより良くするための力になる」というＢＰ社のコミットメントも含まれる。

2 自由

事業部の責任者が契約書に定められた成果を達成するために、どれだけの自由裁量が必要かを明らかにする。妨害や厳しい監視を受けることなく、実験をしたり、改善をしたりする時間が与えられる。

3 制約

法、規制、倫理的制約。書類や規則として文書化されたり、暗黙の了解が存在したりする。

4 サポート

情報システム、知識の共有、研修と能力開発、ワーク・ライフ・バランスの支援など部門の責任者が業務を進めていくうえでのサポートを企業が提供する。

市場を企業内に取り込む

ヒューレット・パッカードはある取引システムを作った。何十人かの商品および財務マネジャーの取引アカウントにそれぞれ50ドルを提供し、月末のコンピュータの売り上げを予測し、賭けをしてもらうというものである。たとえば、190百万ドルから195百万ドルと予測すれば、先物のようにその証券を買い、のちに予測を修正したければ、その証券を売って、別のものを買う。取引が終了したとき、もっとも高い値がついた証券が、市場の予測となる。実際の数字は公表の予測と13％も離れていたが、市場の予測は6％下回っただけだった。その後何度か、試してみたところ、75％の確率で、市場予測は公表の予測に勝ち、参加者には取引で得た利益が与えられた。こうしたシステムの一部が、同社の定期的な予測のプロセスに組み込まれた。

医薬品のイーライリリーは多くの商品を生産しているが、失敗も多数ある。成功率を高めるために、同社は従業員の50人を、ヒューレット・パッカード同様の、市場オークションに参加させた。新商品候補の「株」を売買した結果、もっとも成功する3商品を正しく予測したのである。こうした売買行為――成功すると思えない商品の証券を売る――で、実際の会話では口にできない意見を伝えることができるという従業員もいる。

まとめの一言

新規事業を起こすときのように考える

CHAPTER 20 経験曲線

経験を積めば積むほど…？

経験を積むほど単位当たりの
コストが縮小するのを示すのが経験曲線です。
競合先よりもコストを抑えることによって市場シェア
を拡大するコスト優位戦略の場合、
これが大変重要になります。

timeline

1964
マーケティングの4つのP

1966
経験曲線

賢人の言葉

経験曲線効果は、すべての企業、産業、原価要素に見られる。
――ブルース・ヘンダーソン（1973年）

経験曲線理論は規模の経済とは異なりますが、規模の影響もあります。元になる理論は学習曲線で、1930年代、T・P・ライトが、アメリカの航空産業を研究し、初めて提唱しました。彼は、航空機の累積生産台数が倍増するたびに、一台にかかる生産のべ労働力（人）と時間が一定率（彼の研究によると10％から15％）減少することを発見したのです。

減少率は産業によって異なり、30％になることもありますが、たいがいは一定しています。たとえば10％としましょう。ある商品を1,000個生産するとき、1個あたりの生産時間が1時間とすると、累積生産数が2,000個に達したとき、生産時間は54分になるのです。4,000個になれば48.6分、8,000個なら43.7分です。

労働集約型の生産ラインであれば、当然のことかもしれません。時間の経過とともに生産台数が増えれば、労働者に自信が芽生え、作業も早くなります。迷ったり、失敗したりすることも減り、より速く処理する方法も学ぶでしょう。現場の管理者も同様です。

労働はコストなので、学習曲線は時間の経過とともにコストが減少することを示しています。経験曲線も同じ原則を用いたもので、経験と効率性の関連を説明するものです。1996年、ボストンマトリックス（24ページ参照）と同様、ボストン・コンサルティング・グループ(BCG)のブルース・ヘンダーソンと同僚のコンサルタントによって開発されました。彼らは、学習曲線の効用は知っていました。しかし、半導体産業を調べているうちに、累積生産数が倍増するたびに、生産コストが20％から30％減少することにも気づいたのです。この現象は、同じように急成長を続ける電子機器業では特に顕著で、電子計算機、パーソナル・コンピュータなど電子機器の価格は劇的に下がりました。

1968
ボストンマトリックス

1980
5つの競争要因（ファイブフォース）

供給業者も

ヘンダーソンはのちに、「努力は当然したものの、原因は完全にはわからない」と述べています。従業員が仕事に慣れるという意味で、学習曲線の効用があるのは間違いないでしょう。また、生産量が増え機器をよりうまく活用できるようになると、標準化や自動化が進み効率性が改善されるので、単位原価も小さくなるでしょう。商品デザインや材料の調整も効率化の要因になります。供給する部品の原価も下がるので、経験曲線は供給業者にも益があります。

BCGはこの発見を2つの方法で活用しました。まず、コスト削減の機会を見つける探知機としてです。経験曲線に従ってコストが減っていないとしたら、コスト削減の方法を探るときが来たと考えられます。もうひとつは、競合企業に勝つための戦略としてです。競合先よりもコストを抑えることができれば、強い競争力が生まれます。また、市場シェアを拡大するには、コストを抑えることがさらに重要になります。ほかの条件がすべて同じなら、コストが一番小さいものが、最大のシェアを獲得できるからです。また、コストが小さければ、利益率は大きくなるうえ、市場に価格を抑えるよう圧力をかけることができ、市場を独占し続けることが可能になります。

BCGは、利益を拡大するためにコストが下がっても価格を下げないのは、近視眼的な考え方だと主張しました。経験曲線の効用によって価格を下げた競合先に、市場シェアを奪われてしまうリスクがあるからです。競合先も価格を下げず、利益を確保したままでいるなら、利益率の高さに魅力を感じた新たな企業が参入し、低価格の商品を提供するようになるでしょう。よって、市場リーダーは、少なくともコストが減った分、価格も下げないといけないのです。競合先を撤退や利益を上げられない状態に追い込むことで市場を支配し、コストを低いままに保つのです。この考え方は、BCGの有名なツールであるボストンマトリックスの開発に大きな役割を果たしました。

しかし、テクノロジーやイノベーションによって経験曲線が乱れることもあります。新商品や新しいプロセスが導入されると経験曲線は途切れ、新たな曲線が始まるのです。市場のすべての企業が経験

賢人の言葉

コストは減らすべきだと考え、減らそうとすれば、減らすことができる。

――ブルース・ヘンダーソン（1974年）

曲線を活用するようになれば効用は小さくなります。どの商品も低価格に抑えられる一方で、市場全体の生産量が増加しすぎ、シェアの増加は見込めなくなるでしょう。

賢人の言葉

コスト削減は自然には起こらない。経営陣の関与が必要だ。
――ブルース・ヘンダーソン（１９７４年）

人物紹介 ブルース・ヘンダーソン（1915～92）

ブルース・ヘンダーソンは経営コンサルタントにもっとも適した人物だったと言えるだろう。もともとは聖書のセールスマンだったが、のちに機械技師に転身した。聖書を売るのが成功したかどうかを示す記録はないが、彼は非常に独創的なコンサルタントだった。
ハーバード大学ビジネス・スクールを卒業3ヶ月前で中退し、ウェスティングハウス・コーポレーションで働き始めた。そこで、同社の歴史でもっとも若いバイスプレジデントに昇進し、タイム誌の記事になった。
1963年、ボストン・セーフ・デポジット＆トラスト・カンパニーに、コンサルタント会社を設立するよう依頼され、ボストン・コンサルティング・グループ（BCG）を作り上げた。最初の月の依頼料は500ドルだった。
1966年、BCGは欧米のコンサルタントとして初めて東京へ進出し、18人のコンサルタントを有した。その年、経験曲線理論が提唱されたのである。翌年、ヘンダーソンの最初の論文がハーバード・ビジネス・レビュー誌に掲載され、ビジネス戦略にゲーム理論的な考え方が持ち込まれた。ゲーム理論がビジネスに本格的に用いられるようになる30年も前のことである。1968年に開発されたボストンマトリックスには、大きな関心が集まった。
ヘンダーソンは1985年に引退し、1992年にこの世を去った。
「20世紀後半の国際ビジネスに彼ほど大きな影響を与えた人は少ない」――フィナンシャル・タイムズ紙 1992

まとめの一言

コストは減少する

CHAPTER 21 5つの競争要因（ファイブフォース）

最適な「位置」を見つけるためには？

4つのP、7つのSなど、経営のためのアイデアは、しばしば覚えやすい、派手な呼び名をつけられることがあります。多くの人の関心を集めるための、巧妙な安っぽさを感じる人もいるでしょう。今日、もっとも成功しているビジネス思想家は、まるで芸能人のように人々の前に姿を現し、本にサインをします。彼らは正しいボタンを押して、大きな収入を得るのです。

timeline

1450
イノベーション（技術革新）

1924
市場の細分化

1965
企業戦略
（コーポレートストラテジー）

しかし、5つの競争要因がそうだと言っているのではありません。元々は真面目で、厳格な考え方です。提唱者はマイケル・ポーターで、彼の持続的競争優位論の中核を成すものです。彼は、競争力を生み出すのは次の3つしかないと主張しました。

他社より安く生産してコストを市場でもっとも小さくする、他社より高い値段をつけることができる特別なものを作る、ニッチな市場を独占して他社の参入を防ぐ、のどれかです。どの戦略を採用するかを決めるには、企業活動を行う市場が多数乱立型なのか、新興市場なのか、成熟しているのか、衰退しているのか、あるいはグローバル化が進んでいるのかを知らなければなりません。どの市場がもっとも魅力的なのかを決めるために用いられるのが、5つの競争要因による分析です。直接競争は市場勢力図の一部にすぎない、と彼は言います。彼が提唱する5つの要因のうち、"競争企業間の敵対関係"だけが市場内に存在するもので、ほかの4つは外部からの要因です。

競争企業間の敵対関係

競争が激しくなるほど、価格と利益は圧迫されます。次のような市場では競争は激化します。

- 多くの企業、特に規模が同等の企業が競合している。
- 市場の成長が遅いために、シェア争いが激しい(市場の成長が速ければ、シェアは変わらなくても収益は増加する)。
- 競合する商品に大きな差がなく、価格だけが重要。
- 機械設備が特殊で高価なために、市場からの撤退が難しい(造船業など)。

供給者の交渉力

供給者の言いなりになっていませんか？ 供給とは、労働力、原材料、部品など生産に必要なものすべてです。力のある供給者は、値段をあげ、生産者利益の一部を奪うことになります。以下のようなときに、供給者の力は強くなります。

・市場が少数の力ある供給者に独占されている。
・供給者を切り替えるコストが大きい。
・代わりの供給者がいない。
・買い手が多数乱立していて弱い。
・供給者間の統合（前方統合）による価格上昇の脅威。

この逆は供給者の立場を弱めることになります。

買い手の交渉力

買い手の言いなりになっていませんか？ 買い手に力があれば値段は下げられ、利益が圧迫されます。極端な例は、売り手が多く買い手がひとりの場合の需要独占で、買い手が値段を決めます。

・買い手が少なく大きい。
・売り手が小さく多い。
・売り手の固定費が大きい。
・商品の代替がある。
・供給者の切り替えが簡単で、コストがかからない。
・価格に敏感（買い手自身の利益率が低い場合など）。
・供給者や競合先買収（整理統合）の脅威（後方統合）。

この逆は買い手の立場を弱めることになります。

新規参入業者の脅威

障壁がないかぎり、利益を生む市場は新規参入者を引き付け、市場の利益を縮小させます。参入が容易であるほど競争は激化しますが、次のようなとき、新規参入が抑制されます。

賢人の言葉

競争はとらえにくいものなので、経営陣は単純に考えてしまいがちだ。
――マイケル・ポーター（２００１年）

・特許や所有知識が新規参入障壁になる。
・規模の経済によって、採算がとれる最小取引高が大きい。
・高額な投資、固定費が必要。
・経験曲線によって既存の参加企業がコスト優位にある。
・重要なリソース（人材を含む）が稀少。
・既存参入企業が原材料の仕入れや物流チャネルを支配している。
・公共事業による独占やケーブルＴＶのフランチャイズのように、行政による障壁がある。
・顧客にとって切り替えの費用がかかる。

代替品の脅威

他産業からの代替品が存在するために、自社の商品の価格を上げることができない場合があります。たとえば、ソフトドリンクのアルミ缶には、ガラス瓶やプラスチックボトルといった代替品があります。使い捨ての紙オムツメーカーは、値段を高くしすぎると、洗って何度も使える商品に取って代わられるでしょう。代替品の脅威を強めたり、弱めたりするのは次のような要因です。

・代替品の相対的価格パフォーマンス
・ブランドロイヤルティ
・切り替えコスト

1980年に、ポーターは競争上の優位性について記した最初の本『競争の戦略』（土岐坤・服部照夫・中辻万治訳、ダイヤモンド社）を出版しました。5つの競争要因について説明した同書は、即座に成功を収めました。その5年後に出版した『競争優位の戦略』（土岐坤訳、ダイヤモンド社）も同様に成功を収めました。競合先すべてが差別化を図るためにポーターのモデルを使っていると皮肉を言う者もいましたが、彼の理論は、設計図というよりは刺激剤として働いたのです。

業界の収益性を決める5つの競争要因

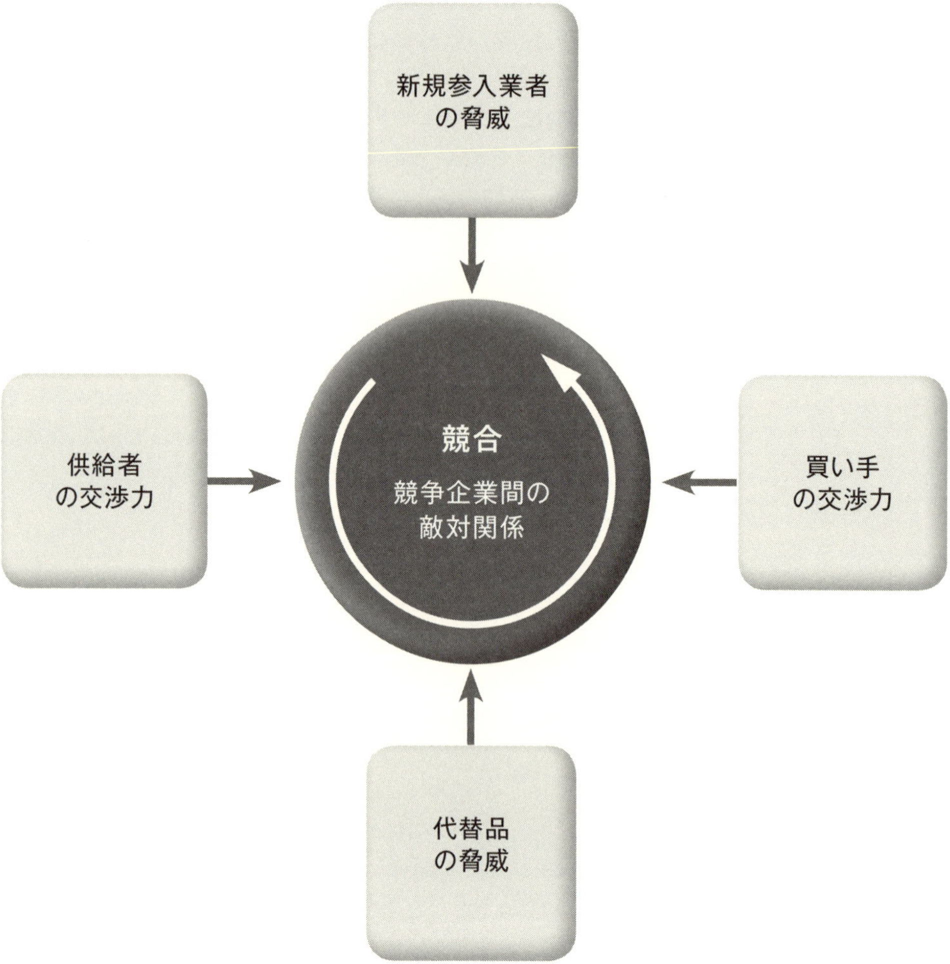

持続的競争優位性

マイケル・ポーターによると、ある企業が産業の平均以上の利益をあげているとすれば、それは他企業と比較して競争優位性があるということになる。競争優位性を生み出し、持続させる基本的戦略は2つしかない、と彼は言う。

ひとつは**コストリーダーシップ戦略**で、競合企業と同じ水準の商品をより少ないコストで生産する。プロセスの効率化、安い原材料、バリューチェーンの再構成によって実現するものだ。それを平均的な価格で売って利幅を大きくするか、あるいは、コストを削減した分、平均よりも安価で売るかしてマーケットシェアを獲得する。その結果、価格競争において、競合企業が損失を出すときでも、利益を確保することが可能になる。

もうひとつは**差別化戦略**で、顧客が高い金を払っても欲しいと思う独自の商品やサービスを提供する。たとえば、特許を取得すれば、技術や品質がすぐれていると認められる。

ポーターは、これら2つを改良した第三の戦略である**フォーカス戦略**を提唱している。広い市場全体をターゲットにするのではなく、市場の一部を狙ってコスト優位あるいは差別化を実現しようというものだ。市場が小さければ取引高も少ないために、供給者の力も弱くなるので、フォーカス戦略は、コスト優位よりも差別化を狙ったほうが成功する見込みは大きいだろう。

ポーターは、方向性を見失いかねないので、これらの戦略を2つ以上同時に行わないよう助言している。複数の戦略を採用して成功している企業は、事業部ごとに別の戦略を取り入れている。

まとめの一言

競争環境と業界を分析する

CHAPTER 22 マーケティングの4つのP

マーケティングの4つのPとは?

顧客の関心を集める役割を担う
マーケティング分野には、怪しげな商品が
たくさんあります。しかし、4つのPは単純明快で
健全な経営理念で、初めて提唱されて以来、
40年たったいまでも用いられています。

timeline

1950
サプライチェーン管理

1950年代初期
チャネル管理

1960
あなたの企業はどんな
ビジネスを行っているか?

賢人の言葉

ビジネスにはふたつの機能しかない。マーケティングとイノベーションだ。
——ミラン・クンデラ

4つのPの元になるのはマーケティング概念です。マーケティングは、生産とも、セールスとも異なります。およそ2世紀半前、アダム・スミスは『国富論』（山岡洋一訳、日本経済新聞社出版局など）で、重商主義は、消費者ではなく生産者のニーズに応えてきたと述べています。つまり、マーケティングの本質を指摘しているのです。いや、彼の時代では、その欠如というべきでしょう。20世紀初期以前は、事業は生産を中心に回っていました。つまり、生産者がもっとも効率的に作ることができる商品を、市場を創出できる価格で売ったのです。彼らが考えるべきは、その商品を作ることができるか、十分な数量を作ることができるかでした。

第一次世界大戦後、大量生産の時代が到来すると、状況は変わりました。人々が最低限必要なものを手に入れたので、競争が激化するようになったのです。そこで、生まれたのが販売概念です。生産者は、今度は、その商品を売ることができるか、そこそこの値段をつけることができるか、と考えるようになりました。顧客がそれを必要としているのかいないのかは疑問にはなりませんでした。そのため、マーケティングというものが仮にあったとしても、それは商品生産後に行われるもので、より独創的な“販売方法”を生み出すまでに至るのはその時点ではまだ難しかったのです。

マーケティングが、今日使われている意味で行われるようになったのは、第二次世界大戦後です。消費者はより裕福になり、商品を選ぶ目も厳しくなりました。生産者は、消費者が何を求めているのか、需要があるうちにそれを生産することができるのかを考えなければならなくなりました。商品開発前に顧客のニーズを考えるマーケティング概念が誕生したのです。これは、そのニーズに注力するために、企業が持つリソースと機能を調整しなければならなくなったことを意味します。そうしたニーズを満たすことによってのみ、企業が長期的に利益を生み出していくことができるからです。4つのPはこのプロセスを助けるツールで、ニール・H・ボーデンが1964年に発表した論文『マーケティングミックスの概念』で提唱したマーケティングミックスを進化させたものです。彼は、状況に応じて混ぜ合わせるべき、12以上の要素を挙げました。その要素がのちにノートルダム大学のマーケティング教授E・ジェローム・マッカーシーによって分類され、マーケティングの4つのPと呼ばれるようになりました。

Product（商品）

モノ、サービス、アイデアなど。「飲んだら乗るな」などの標語も含まれる。デザイン、商品名、品質、包装、アフターサービスの水準などが決められる。

Price（価格）

消費者がいくら払ってくれるか。マーケティングミックスのなかで唯一収益を生み出す要素。他の要素はすべてコストになる。市場投入初期の価格設定をどうするか。上澄み吸収価格（市場が堪えうる程度に高く設定し、時間とともに値下げする）にするか、浸透価格（いち早く売るために価格を低く設定する）にするか。どのような値引きをするのか。季節調整はあるのか。

ほかの要素が等しければ、価格は潜在的購買層にもっとも大きな影響力があります。また、短期間で特に値引きという形で変更できるので、柔軟性も大きくなります。マーケティング管理者にとって、価格設定は難しい問題となることが多く、コストを重視しすぎたり、市場の変化に合わせられなかったりして、うまくいかないこともあります。商品の発売時にどんな戦略をとったとしても、価格は商品ライフサイクルに応じて変わるものなのです。

Place（流通）

消費者に買ってもらうために、正しい時に正しい場所に届け

賢人の言葉

マーケティングは単に文明化された戦争である。そこでは、言葉、アイデア、よく練られた考えが勝利する。
――アルバート・W・エメリー（広告エグゼクティブ）

るために必要なものすべて。鍵となるのはどの流通チャネルを使うかである。営業担当者、通信販売、電話やインターネットを使う直販や、小売、卸売と小売などの流通業者を介する間接的なチャネルがある。どれを選択するかは市場戦略による。商品を在庫してもよいという卸売りや、小売に任せるのか、選んだいくつかの業者のみを通じて流通させるのか、それともある地域でひとつの卸売り、もしくは小売を通じて商品の流通を試みるのか。「場所」も物理的にどのような注文プロセス、在庫、流通センター使用、輸送などを決定する上で考慮されなければならない。

賢人の言葉

マーケティングの目的は、商品がニーズに合い、自然に売れるよう、顧客を知り、理解することだ。
――ピーター・ドラッカー

Promotion(プロモーション)

マーケティングをセールスへとつなげるところ。消費者に商品を買ってもらうために必要な情報を伝える方法を含む。プロモーション戦略は、プッシュ戦略とプル戦略に大別される。広告によるプル戦略は、消費者を商品に気づかせ、欲しいという気持ちにさせることができるが、費用がかかる。プッシュ戦略では、営業が卸売り業者や小売業者に販売促進を託し、最終消費者に商品を行き渡らせる。

マーケティングプロモーションは、ATL(above the line)とBTL(below the line)に分類されます。ATLとは、新聞、テレビ、ラジオ、映画、広告用掲示板など広告料を払って行うもので、BTLはカタログ、後援、展示会など広告料を払わないものです。PR(パブリックリレーション)活動はBTLです。セールス・プロモーションは、売上げを短期的に伸ばすための刺激策です。

プロモーションの主流は、マスマーケティングからマスカスタマイゼーションと「個客」へ、ブロードキャスティングからナローキャスティングへと変わってきています。また、インターネットによって情報伝達と買い物の習慣はすっかり変わりました。しかし、4つのPはいまだ有効で、役に立つ考え方です。

商品ライフサイクル

人間と同じように、商品にもライフサイクルがあり、ステージごとに異なるマーケティング戦略が必要だ。商品による違いはあるが、典型的には次のように考えられる。

導入期

利益よりも市場に受け入れられることが重要。認知度を高めるためのプロモーションが必要である。競争が激しい市場では、価格を低く設定（浸透価格）して初期の売上げを最大化し、経験曲線を加速させる。競争がそれほど激しくなければ、価格を高め（上澄み吸収価格）に設定して、開発費を回収する。この段階では、流通は選択した業者に託す場合が多い。

成長期

需要が伸び、価格は維持される。流通経路が増え、より広い顧客層に届くようプロモーションが行われる。

成熟期

同様の商品を売る競合先が現れ、価格競争が始まる。売り上げは安定するので、流通はより多くのチャネルに開放される。

衰退期

イノベーション（技術革新）や好みの変化などが理由で市場が衰退しはじめる。価格はさらに下がり、コスト削減のためにプロモーションも中止される。最終的には、生産中止になるか、他社に売却される。

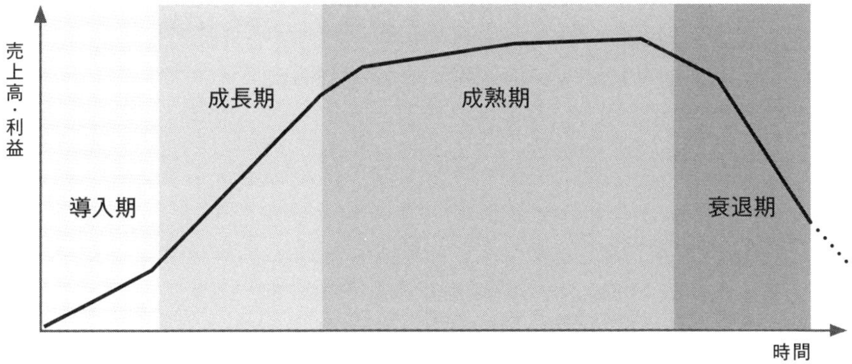

	導入期	成長期	成熟期	衰退期
売上高 利益	低水準 僅少	急成長 最高水準	安定	下降・低水準
競合	激しい／ ほとんどなし	増加	多数	減少
戦略テーマ	市場拡大	市場浸透	シェア防衛	生産性確保
価格	浸透価格／ 上澄み吸収価格	浸透価格	競争対抗価格	利益確保価格
流通経路	選択した業者など	開放的	さらに開放的	選択的
プロモーション	認知	関心	差別化	中止

まとめの一言

マーケティング戦略を練るためのレシピ

CHAPTER 23 グローバリゼーション

世界は小さくなった?

グローバリゼーションは経営理念ではありませんが、世界的な現象です。そのため、企業経営者は市場、生産戦略、サプライチェーン、競争的優位性の源泉などについて考え直さなければならなくなっています。しかし、グローバリゼーションが一方通行のものだと考えている人がいるとすれば、それも考え直さなければならないでしょう。

timeline

1886
ブランド戦略

1920
分権化

1950
サプライチェーン管理

賢人の言葉

商人は国をもたない。ただ利益を得られるというだけで、いまいる場所に特に愛着があるわけではない。
——トーマス・ジェファーソン（1814年）

グローバリゼーションは新しい考え方ではありません。紀元前2世紀頃から、シルクロード周辺では国を越えた取引が活発に行われていましたし、第一次世界大戦に至るまでの何年かは国際主義が盛り上がりを迎え、海外取引や投資が行われていました。ただ、2度の世界大戦によって経済活動が国内志向になったため、近年の国際化の波が新しいもののように思えるのです。以前と違うのは、電子通信、コンピュータ、インターネットなどの技術の進歩によって、世界が狭く、賢く、速くなったことです。さらに、規制撤廃、民営化、市場開放なども各国の政府主導で進んでいます。

1983年、ハーバード大学の経済学者セオドア・レビット（274ページ参照）は、科学技術によって世界は収束的に同質化に向かい、標準化商品にはかつてない規模のグローバル市場が生まれるだろうと言い、世界を舞台にした統合、相互依存、連帯の推進をグローバリゼーションと呼んでいます。企業も投資家も利益を狙い、すばやい動きを見せて、この現象を促進していますが、社会的、文化的、政治的にもグローバリゼーションは進んでいます。

グローバルの布

経済の分野では、貿易、直接投資、間接投資がますます盛んになっています。モノやサービスの輸入は増え続け、発展途上国の取引シェアは、先進国によるアウトソーシングによって20年前の3倍になっています。国外へ企業を設立する直接投資も、先進国の海外進出によって増えています。投資ファンドや個人投資家による途上国への資金投資も増加しています。

企業のグローバリゼーションも20世紀半ばから盛んになりました。成功した輸出企業が、その市場により近づくため、あるいはコストを節約するために、現地にビジネス拠点を置くようになったのです。

こうした拠点が統合されてグローバル企業に発展します。また、欧米企業が労働力が安い市場へ生産のアウトソーシングを行い、コールセンターやソフトウェア開発などがそうした市場へ移されることもあります。

こうした恩恵をもっとも受けているのはソフトウェア開発のインド、契約製造の中国でしょう。どちらの国も急成長し、ブラジルやロシアとともに、20年以内に経済大国の仲間入りをするかもしれません。フィリピンで多くの管理業務やコールセンター業務が行われているほか、アジアはアウトソーシングの大きな市場となっています。また、ラテンアメリカ、中央および東ヨーロッパ、中東なども同様です。ガーナやベトナムといったアウトソーシングのコストが小さい国での競争がより激しくなるという人もいます。

グローバル・アウトソーシングは、まず肉体労働から始まりました。しかし、現在では、研究開発、商品デザインといった頭脳労働も増えています。この場合は、コスト削減のためではなく、本国で適任者を見つけられないからです。中核事業に近い機能を引き渡すことによって管理的統制を失い、海外にアウトソーシングする際のマイナス面が助長されてしまうこともあります。

グローバルで考え、ローカルで行動する

グローバル企業は、かつて多国籍企業と呼ばれてきました。しかし、この呼び方は、必ずしも良い意味として使われてこなかったので、今日ではグローバル企業という呼び方のほうが好まれています。

成功するグローバル企業は、地元企業として活動するべきときと、グローバル企業として活動するべきときを知っているといわれています。香港上海銀行(HSBC)は、それを「グローバルで考え、ローカルで行動する」というキャッチフレーズとしてまとめました。

しかし、中国に進出した当時のジレットのように、現地での判断を誤ることもあります。同社は、中国にはまだ先進のシェービングシステムは早く、受け入れられないだろうと考え、旧式の剃刀を作っ

賢人の言葉

ほとんどすべての産業が、従来とは異なる領域での競争に晒されている。
——ロザベス・モス・カンター（1995年）

賢人の言葉

クレムリンとホワイトハウスをつないだホットラインは、アメリカにいるすべての人をインドのバンガロールにあるコールセンターにつなぐ「ヘルプライン」に変わった。
——トーマス・フリードマン（2005年）

て売り始めました。ところが、現地仕様の旧式の剃刀よりも、輸入品のほうが売れていることがわかったのです。中国の人々はすでに新しい商品のことを知っていて、旧式のものは使いたくなかったのです。

ジレットは今日では、研究開発、技術、生産、宣伝広告が集中管理によって行われるグローバル企業の良い例となっています。世界中に多くの工場がありますが（以前よりは少なくなっているものの）、それらの運営は本社が行い、現地のマネジャーは、現地市場を知るためのマーケティングに力を注いでいます。マネジャーは世界各国に転属され、ハーバード大学ビジネス・スクールの経営学教授ロザベス・モス・カンターが「コスモポリタン」と呼んだ同社のグローバル経営文化を強化しています。

ネスレのように、商品を世界中で標準化する一方で、商品戦略やマーケティングを現地で行う企業もあります。第3のモデルは、シナジー（共同/相乗作用）を求める半独立的現地企業です。

IBMは、調達は中国でやるといったように、一部の業務を最適と思われるところで行っています。

グローバリゼーションとは、「先進国が発展途上国に進出するもの」と思いがちですが、それはどうでしょうか。インドのグローバル企業が現れたのに気づいたときは、グローバル化の次の段階が始まっているでしょう。グローバリゼーションは一方向ではなく、すべての方向に広がっているのです。

世界をフラット化したもの

ニューヨーク・タイムズ紙で外交問題に関するコラムを書いているトーマス・フリードマンは、2005年、グローバリゼーションについて新たに『フラット化する世界』(伏見威蕃訳、日本経済新聞出版社)を著した。世界がフラットなのは、インターネットが競争市場を平らにしたからである。しかし、原因はほかにもあるという。

1. ベルリンの壁の崩壊

1989年11月9日(世界のパワーバランスが民主主義と自由市場へ傾いた)

2. ネットスケープの株式公開

1995年8月9日(光ファイバーケーブルに対する関心が爆発的に高まった)

3. ワークフロー・ソフトウェア

離れた場所にいる従業員同士が、より速く、より密にコミュニケーションを取れるようになった。

4. オープンソーシング

自己組織化的コミュニティ(リナックス等)によるコラボレーション革命。

5. アウトソーシング

ビジネス機能をインドへ移転することによってコストを削減。第三世界の経済を発展させた。

6. オフショアリング

契約製造によって中国の経済的重要性が高まった。

7. サプライチェーン

効率性向上のために供給、小売り、顧客の強固なネットワークをつくる。

8. インソーシング

巨大運送会社が顧客起点サプライチェーンを支配し、中小企業がグローバル化する助けとなっている。

9. インフォーミング

パワーサーチによってインターネットが知識のサプライチェーンになっている。

10. ワイヤレス

無線技術による連携が可能になる。

まとめの一言

あらゆるものが国境を越え、同質なものへ

知ってる？

イノベーションとはなにか？

企業はふたたびイノベーションに取り組まなければならなくなっています。インターネット革命の熱狂が突然終わったとき、大企業は新技術から慣れ親しんだものへの回帰を見せましたが、いまふたたび注意深く、窪地から出てこようとしています。IT業界は技術革新によって収益源を確保し続けようとする一方で、ゼネラルエレクトリック（GE）やP&Gといった大手企業がイノベーションを追求するという姿勢を新たに公に見せたことによって、他産業もふたたびイノベーションを推し進めようとしています。

timeline

1450
イノベーション（技術革新）

1911
エンパワーメント

革新の波は、技術の進歩によって大きくなります。1450年にヨハネス・グーテンベルグが活版印刷術を発明したときもそうでした。1970年代のパーソナル・コンピュータの出現時も大きな波が起こり、情報化時代がやって来ました。1980年代はソフトウェアで、1990年代はインターネットやデジタル化でした。デジタル化革命は続いていますが、今日の革新は企業の内部にも向けられるようになっています。企業が新しいものを求めて、自社のコンピタンスに注力しているからです。

マイケル・ポーター（115ページ参照）は、競争的優位性の源泉が価格と差別化だけであれば、技術革新がもっとも強力に差別化を推し進めると言っています。しかし、長期的に見れば、必ずしも利益を増大させるものではないことは歴史的にわかっています。ただ、新市場に参入し、他企業を買収することなく独自に成長するためには不可欠なことなのです。

イノベーションはインベンションではない

イノベーション（革新）はインベンション（発明）とは違います。インベンションとは、イノベーションを市場のなかに引き起こすために行われるものです。一方、イノベーションはこれまでのやり方を変えるものでなければなりません。ハーバード大学の教授で心理学者のテレサ・アマバイルは、創造性に関する論文のなかで、イノベーションは独創的な着想を組織内で実用化し、成功させることだ、と述べています。

インベンションを含む創造はイノベーションの出発点にすぎず、必要条件ではありますが、十分条件ではありません。アマバイルが指摘するように、革新的企業は、創造的な着想を得るところから、商品やサービスを売り出すところまでを管理しなければならないのです。イ

1951
総合的品質管理（TQM）

1980
5つの競争要因（ファイブフォース）

1990
学習する組織

ノベーションは商品やサービスだけに限りません。社内の組織構造やプロセスを、新しくてより効率的なものに変えるのもイノベーションです。タッパーウェア・パーティ（会社と販売契約を結ぶ専任代理店の販売員が、パーティーの場へ出向き、製品の展示説明をして注文を受ける販売方法）やインターネットを使って食料品の配達サービスを使用するなどといった、新しいマーケティングや物流の手法もそのひとつでしょう。

商品の大幅な改良もイノベーションと考えられます。アメリカの哲学者ラルフ・ウォルドー・エマソンは、「より良いネズミ捕りを作れば人々が押し寄せてくる」と言ったといわれています。しかし、それが破壊的なものでないのであれば、「従来の技術の延長線上でなされた連続的な革新」を行っただけとなり、行き詰まってしまうこともあります。

ウォートン・スクールのマーケティング学の教授ジョージ・デイは、たくさんの小さな革新を行うことは、継続的に改善を実行するようなものだ、と言います。企業が行う改革計画の80～90％を占めるのはこうしたプロジェクトですが、競争力の強化や利益率の向上にはつながりません。大規模なイノベーションは成功すれば、企業の利益に大きく貢献します。しかし、実施する企業は少なくなっています。それは、大規模な革新は難しく、危険がともなうからです。革新は生まれるのではなく、作り上げるものなのに、多くの企業はそのプロセスを管理することに長けていません。しかし、成功例による経験則はあります。アップルの最初のコンピュータが開発されて以来、クリエイティブな人々（スカンク・ワークス）は官僚的組織の重荷から解放されるべきだと考えられています（いまは、こうした人々と組織とのあいだの距離が大きくなりすぎて、アイデアを受け入れることができなくなってしまうことがリスクになりつつあります）。伝統のある大企業も革新が必要ことは理解しています。

スタンフォード大学ビジネス・スクール教授のチャールズ・オライリーとハーバード大学ビジネス・スクール教授のマイケル・タッシュマンは『競争優位のイノベーション』（平野和子訳、ダイヤモンド社）で、「両

賢人の言葉

企業がより多くのイノベーションを成し遂げたと示せるようになるための秘訣のひとつは、より多くのものを試すことである。
――ロザベス・モス・カンター（2006年）

賢人の言葉

変革を避けようとする企業は、それをリスクがあまりに大きく、見返りを得るのがあまりに先のことであると考えている。
――ジョージ・デイ（2007年）

手使い型の組織」という考え方を紹介し、統一性のない組織や文化は、古いものを開拓するのと同時に、新しいものを見つけることができると言っています。顧客に近いところにいることによってテクノロジーや市場における勝者を見つけ、市場のシグナルにすばやく反応し、ニーズに合わない商品の生産やプロジェクトを止めることもできます。ただし、顧客の声をあまり重視しすぎるのも、大革新の成功を妨げると考えられるようになりました。

ハーバード大学の経営学教授であるロザベス・モス・カンターは、みずからを革新者と名乗る者は、過去の失敗から学んでいないと考えています。ハーバード・ビジネス・レビュー誌に発表した『イノベーションの罠』（ダイヤモンド・ハーバード・ビジネス・ライブラリー）でも、先の革新の波が止まったのは、勇気や知識の欠如によるものだ、と述べています。「さらなる革新が必要であると宣言しても、他の企業ではもうやっていないのではと考えて、躊躇してしまう。新しいアイデアを求めていると言いながら、実際には持ち込まれたものをすべて却下してしまう」インテルやロイターといった成功例をのぞいて、ベンチャーキャピタルの多くは、中核事業のために大きな価値を創出することができていない、とも言っています。

小さすぎる機会

業務革新は戦略的な理由や、プロセス、組織構造、スキルなどとの関連から行われます。しかしそこでよく起こる失敗は、大きな成功をおさめたいあまりに、小さすぎると思える機会を無視してしまうことです。他のプロジェクトと同じ基準で、計画、予算計上、評価を行い、革新の機会をつぶしてしまう企業もあります。クリエイティブな仕事をする人々は他の従業員とは別の扱いが必要ですが、そうすると「彼らは、自分たちが稼いだ金で楽しんでいる」といった不満を他の従業員が抱くようになり、階級闘争が生まれてしまいます。また、技術者を責任者にするというミスもよく見られます。クリエイティブ・チームを活気づけ、新しいアイデアが経営陣にも伝わるようにすることは重要ですが、エンジニアやIT技術者は必ずしもそういったことが得意というわけではないのです。

創造力を育てるのには時間がかかります。実際に、ある調査結果では、アイデアを創り出せるようになるには、クリエイティブあるいは研究開発チームで2年の経験が必要であるということも示されています。他の部署であれば、2年もしないうちに異動になるのはよくあることです。

すばらしいアイデアでも、望む利益をすべて満たすことができないときもあります。イノベーションによって確保できる価値の度合いは「専有可能性」と呼ばれます。それは、アイデアを保護することができるか、模倣者が市場に参入してくるまでどれくらいの時間があるか、イノベーションを実現するために専門化したリソースはどれくらい必要か、といったことです。たとえば、短時間で冷凍した商品を開発したとすると、価値の多くは冷凍装置の供給者に渡さなければなりません。利益は第三者が享受することが多いのが、イノベーションの厳しい現実のひとつです。PCを発明したのはマイクロ・インストゥルメンツ・テレメトリ・システム社ですが、そのことはほとんど知られていません。イノベーションを行ったからといって、利益を享受できるとは限らないのです。

創造的破壊としてのイノベーション

アダム・スミスは『国富論』(山岡洋一訳、日本経済新聞社出版局)で、たとえ資本家が自己の利益を追求したとしても市場では「見えざる手」の力がはたらく、と述べている。一方、経営学史の専門家でアメリカ人のアルフレッド・チャンドラーは、経営における「見える手」という考え方を紹介している。経済学者のヨーゼフ・シュンペーター(1883-1950)は、より過激な言葉を使い、イノベーションを「創造的破壊」と言い表した。

政治社会学者でもあるシュンペーターの理論は、今日あちこちで引用されている。イノベーションの波が、旧型の企業を破壊し、古いものを一掃して新しいものを残すという考え方は、デジタル時代には適しているように思える。また、起業家精神が経済の決定要因になるという彼の考え方も同様だろう。当初、起業家精神を体現するのは個人としての起業家とされていたが、のちに大きな研究開発集約型の組織と定義している。

アメリカでは、シュンペーター的観点から、創造的破壊とイノベーションによって先導される経済を唱える政治家もいる。彼らは、シュンペーターのビジョンが、企業本位の社会主義や機械的なイノベーションや起業家精神の抑圧につながったことについてはあまり触れない。

まとめの一言

新しいアイデアを市場に持ち込む

CHAPTER 25 日本式経営

知ってる?

日本企業のユニークさとは?

リチャード・T・パスカルとアンソニー・G・エイソスは、『ジャパニーズ・マネジメント』(深田祐介訳、講談社)を著し、アメリカ企業の経営スキルは3つの面で試されていると述べました。まず、マネジメント手法で、これまでやってきたことを続けても利益率が伸びないこと、次に、社会的価値の変化によって人々が企業や仕事から求めるものが変わってきていることです。さらに、競争がアメリカを苦しめているということです。

timeline

1911
エンパワーメント

1940年代
リーン生産方式

1951
総合的品質管理(TQM)

賢人の言葉

日本式経営とアメリカ式経営は、95パーセントは同じだが、重要なところが異なっている。
——藤沢武夫（ホンダの共同創設者）

1981年、日本のGNPは世界第3位となり、20年以内に第1位になるだろうと予想されました。日本は小さな国です。国土の70％は人が住むことができない山岳地帯で、残りはキューバほどの広さしかなく、天然資源もほとんどありません。それにもかかわらず、アメリカの2倍の速さで経済成長を遂げました。カメラではドイツを、時計ではスイスを、オートバイではイギリスを、家庭用電化製品、チャック、鉄鋼など多くの分野でアメリカを抜き、産業界のリーダーの地位を次々と手に入れました。

日本式経営の特徴は生産方式そのものにありました。日本企業は、アメリカの品質管理の第一人者たち（本国では評価されなかった）から学んだモデルを改善して、独自のものを作り上げました。そして現在でも、企画や生産の速さでは他国に大きく差をつけています。日本式経営の一部また全体は、1980年代、総合的品質管理（246ページ参照）、シックスシグマ（208ページ参照）、リーン生産方式（152ページ参照）として欧米に持ち込まれ、多くの成功をおさめて定着しました。失敗した企業の主な原因は、日本式経営スタイルと日本人的な姿勢および組織が欠けていたことのようです。

対立はノー

日本は小さな国土に約1億3千万人の国民を有し、2千年かけて「和」の精神を育み、団結力を築いてきました。よって直接的な対立は社会的に受け入れられません。欧米社会は、教会、州、産業界といった異なる組織に依存して、それぞれのニーズを満たしてきました。それに対して日本社会は、組織を全体のニーズを満たすものとしてとらえています。日本企業が終身雇用を前提としていることはよく知られています。「*失われた10年」以後変わりつつあるものの、健康保険や福利厚生は欧米企業にくらべて手厚いものです。管理者となる人々は、現場を必ず1、2年経験し、部下一人ひとりの名前を覚

＊失われた10年
長期に渡る経済の停滞。日本では、バブル経済が崩壊した1990年代前半から2000年代初頭にかけてを指す（訳注）

1965
企業戦略（コーポレートストラテジー）

1981
日本式経営

1986
シックスシグマ

え、彼らの幸せを責任もって考えるのです。従業員は肉体労働をするだけではなく、知恵を絞り前向きに取り組み、やり甲斐を感じています。新しいアイデアを提供したり問題を分析したり、解決策を提案したりすることが求められ、それに応えられるよう訓練されています。

欧米企業もこの点では日本に追いついてきていますが、違いはこれだけではありません。命令支配による経営形式は多少人間味があるものになってきているものの、多くの企業で健在です。日本では意思決定やリーダーシップが明確なものではありません。中間管理職が決定したことを同意を得ながら上位の管理職に伝えていき、経営陣のところに到達したときには、必要な同意がすべて揃っているのです。時間はかかりますが、全員がある時点で賛同していることになるので妨害工作も行われません。

欧米企業では、2つの部署の統合を行うようなときは、まず最初に発表があります。そのため不満も起きるでしょう。日本では、まず業務フローの一部を変更し、変更を重ねた後に発表となるので、すでに行われていることを確認するだけになります。おだやかな変化のほうが好まれるのです。

この考え方は戦略に対する経営陣の姿勢にも現れています。5カ年計画ではありませんが、欧米の戦略は壮大な構想といった感があります。日本の企業も将来への計画やビジョンはありますが、ひとつの戦略でまとめ上げられるのを嫌います。例外は、状況を変えるために目をつぶるときだけです（コラム参照）。彼らは未来を見抜くことのほうを好むのです。

賢人の言葉

日本でリーダーになるもっとも重要な資質は、周囲に受け入れられることである。
——リチャード・パスカルとアンソニー・エイソス（1981年）

アメリカから学ぶ

欧米の資本主義者たちがもっとも驚いたのは、純利益にあまり執着していないことです。日本では、企業が象徴する人や社会のほうがより重要なのです。ただし近年は、長引く景気の低迷や外国人投資家の要求によってそうした姿勢も変化し、意思決定のプロセスを迅速化して適応性を高め、パートタイムや契約社員を雇う企業も増えてはいます。日本の批評家は、日本企業はアメリカに学ぶべきだと言います。いまでは、日本の奇跡よりも、シリコンバレーの奇跡のほうが注目を集めているからです。しかし、日本企業がカリフォルニアの企業から新たに学ぶものはないでしょうし、株主価値という考え方は受け入れるのが難しいかもしれません。

日本の近年の経済不況は金融慣行や構造によるもので、産業界の慣行によるものではありません。高騰を続ける市場から最大の利益を得るには、より柔軟であることが求められ、海外進出をさらに進めるには、日本人以外の従業員への対応も整えなければならないでしょう。

賢人の言葉

日本人はチームワークと調和と人間関係を大切にするので、大した脅威ではないと考えられがちだったかもしれない。
——リチャード・パスカルとアンソニー・エイソス（1981年）

ホンダの戦略

ホンダのおかげで、アメリカのモーターバイク産業は見直しを迫られたといわれている。ホンダが次々と起こる予期せぬ出来事に対応してきた結果である。いかにも日本人らしいやり方だったが、川島喜八郎と2人の同僚が、1959年、いずれは輸入バイクの10％のシェアを獲得したいとロサンゼルスにホンダの店舗を開いたときは、問題が続出した。日本当局が申請した台数の4分の1しか輸出を認めず、残りは在庫にしておくよう指示されたり、305cc、250cc、125ccを輸出し売り始めたところ、オイル漏れとクラッチのトラブルが報告されたり。男らしさが大切なバイクの市場でイメージが傷つくのを怖れて、50ccスーパーカブの販売を見送っていたが、スポーツ用品店からの取り扱い希望をうけて、大量に販売することになった。こうして同社は救われた。革ジャンを着た人たちの市場に新しい分野が生まれたのである。1964年、アメリカで売られるバイクの2台に1台はホンダ製になった。

まとめの一言

人を大切にして戦略を展開させる

CHAPTER 26 知識経済

知ってる?

知識経済とは?

1960年代、情報の伝播が社会を大きく変えると予想したピーター・ドラッカーは、「知識経済」という用語を生み出し、企業経営者は知識労働と知識労働者の生産性を向上させるべきだと論じました。
知識経済とはなにか、いまだに意見が一致していません。ハイテク、コンピュータや通信といった産業分野のことだという意見もあれば、すべての産業であてはまるという意見もあります。OECDはその中間をとって、高・中度技術産業、知識集約型サービス業、金融、保険、通信、サービス、教育、健康産業と定義しています。

timeline

1450
イノベーション(技術革新)

1911
エンパワーメント

イギリスのNGO、ワーク・ファウンデーションは、「知識経済とは、強力なコンピュータと高度な教育を受けた頭脳とを使って、知識をもとにした商品やサービスを提供すること」としています。経済学者はかつて生産の基本的要素は労働力と資本金と言ってきましたが、これからは知識が労働力に代わると言うようになるでしょう。知識は資産として使っても価値が損なわれず、共有することでさらに価値が高まるのです。OECD加盟国では、労働者の多くが知識労働に就いたり、テクノロジーを使う企業に勤めたりすると同時に、国民所得のなかで知識産業によるものが占める割合が増えてきています。定義によっては、知識産業が経済や雇用の半分を占めている国も多いのです。

知識は情報通信技術（ICT）によってより効果的に活用できます。狭義の知識集約企業は、新しい情報通信技術を新しい科学や技術と組み合わせて、より豊かで高い教育を受けた消費者のために新しい商品を作り出します。

価値を付け加える

正しい知識は価値を付け加えることが可能です。より良い意思決定、洞察、イノベーションにつながり生産力を強化します。たとえば知識を交換することによって新商品の開発時間を短縮したり、より良いものを作り出したりすることができるのです。成功事例を共有すれば、コストを削減し品質を向上させることができます。グローバル化が進み競争が一段と厳しくなる一方で、知識は断片化され分散化されています。こうした経営資源を節約し、管理する必要性は大きくなってきています。

どのような企業でも、知識をいかに獲得し、開発し、共有し、維持するかということが戦略的に重要になっています。その結果、ナレッジマネジメント（KM：知識管理）という概念が現れました。1996年以降、特にアメリカでは、政府のCIO（最高情報責任者）に当たるチーフナレッジマネジメントオフィサーを設置する企業も増えてきました。KMでは知識と情報を分けて考えます。情報のすべてが知識とは限らず、知識のすべてが価値あるものとは限らないからです。明示的知識と暗示的知識の区別もあります。明示的知識とはデータベースやキャビネット内のファイルから見つけることができるもので、記録したり、書類にしたり、保存したりできます。暗示的知識は頭の中にあるもので、経験、判断、直観といった無形のものです。知識管理で鍵となるのは人です。知識の形成は人と人との相互作用によるもので、IT主導の知識管理は失敗することが多くなります。

価値ある知識は組織のあらゆる部分にさまざまな形で存在します。顧客、プロセス、商品に対する知識のほかに、人間関係や企業についての知識もあります。また新しい知識も創られます。KMでは、こうした知識を形成し、整え、共有し、活用するために、トレーニング、イントラネット、警告システム、創造のためのツールなど、さまざまな手段を用います。

KMには難しい面もあります。知識が誰かの頭の中にあるものだとしたら、その人がいなくなれば知識も消えてしまいます。よって、そうした知識をその人の頭の中から引き出し、なんらかの形で組織内に留めておくのが重要になります。また、知識が自由に移動するよう促しつつも、それを抑制し守ることも必要です。知識経済とその可動性は、今後、経営改善産業の関心をさらに集めるようになるでしょう。20世紀後半は、改善の努力の多くは製造部門に注がれました。マネジャーもコンサルタントも生産の効率化のために創意工夫をしました。そうした努力は成功をおさめ、これ以上の効率化は難しくなっています。また、企業が経験を積み他の成功事例を借用するようになれば、生産の効率化によって競争力を維持することはほとんど不可能になります。

さらなる効率性

次の段階はサービスと商慣行の効率化です。これはビジネスプロセス・リエンジニアリング（30ページ参照）や企業資源計画に近いもの

賢人の言葉

知識経済の発展は、おもに技術の進歩と国内経済の繁栄がもたらす知的サービスへの需要増加によるものだと考える。
——イアン・ブリンクリーク（2006年）

で、情報技術を多用することになります。ここでも成功事例が広く伝わることになるので、競争力の維持は難しくなります。そこで、知識が重要になるのです。経営コンサルタント会社マッキンゼー&カンパニーは、変化（物を創ったり、育てたりすること）と通常の業務（サービス、商取引、知識労働のほとんど）を明確に分け、さらに通常の業務を、定型のものか非定型の暗黙知（コラム参照）かに分けました。暗黙知によって生産性を高めて差別化を図る企業はまだあまりないと考えています。

賢人の言葉

知識経済とはハイテク産業のことではない。すべての産業、すべての企業、すべての地域に適用可能な新たな競争力のことだ。
——チャールズ・リードビーターク（1999年）

暗黙知とはなにか

経営コンサルタントは刺激的な言葉を好む。暗黙知もそのひとつだ。マッキンゼーは、分析スキル、判断力、問題解決力といった潜在的な知識を必要とするものを暗黙知と呼んだ。暗黙知を発揮する人は増えている。才能があり給料の高い人たちだ。しかし彼らの生産性はすぐれているのだろうか。効率性・生産性の向上は、製造業や小売り、航空などではほぼ限界まできている、とマッキンゼーは言う。製造業では、効率性・生産性のすぐれた企業とそうでない企業の格差は大幅に縮小された。取引主体の産業でもそうである。しかし、出版、ヘルスケア、ソフトウェアといった暗黙知を基本とする産業では、そうした格差はまだ大きく、改善の余地が残されている。

暗黙知には、標準化や自動化といったツールは効果がない。とはいえ、共同作業を支援するために、ビデオ会議やインスタントメッセンジャーなどの通信技術は必要である。また経営陣は、企業の変化や学習、革新を促さなければならない。これは現代の企業にとって大きな機会になるだろう。

まとめの一言

知的労働で利益を生むこと

CHAPTER 27 リーダーシップ

リーダーシップを発揮するには?

ビジネスには目に見えない要素がたくさんあります。製造部門を離れると、リーダーシップほど目に見えないものはないと気がつきます。コンサルタントや学者は、リーダーシップを他の要素と切り離して瓶詰めにして売ろうとしています。そんなことはできるはずがないのですが、リーダーシップは経営学の次の大きな開拓地になると信じている人もいます。

timeline

B.C.500
戦争と戦略

1897
企業の合併・買収

1911
エンパワーメント

リーダーシップに市場価格があるとすれば、値動きの幅は大きいでしょう。1990年代末、もっとも賞賛されるCEOたちはロックスターのように扱われ、彼らの企業の株価（および報酬）は急上昇しました。市場自体も拡大していましたが、偉大なリーダーが率いる企業の株価は、他企業に比較して12倍も速く成長したのです。その後、株式市場は急落しました。エンロンやワールドコムが不祥事によって破綻し、そのリーダーたちが裁かれ、有罪とされたのです。事情は一変しました。ウォルト・ディズニー、ヒューレット・パッカード、AIGといった企業の著名なCEOが退き、より控えめで物静かなCEOが就任したのです。GEのジャック・ウェルチはその少し前に引退しました。メディアや投資対象として、彼らの代わりになる人物は現れていません。ウェルチはこんなことを言っています。「わたしには3つの仕事がある。それは正しい人を見つけ、リソースを配分し、アイデアをすぐに広めることだ」チェスター・バーナードは1938年の著作で、リーダーの仕事は組織の価値を高め、従業員のコミットメントを促すことだと述べています。

CEOがふたたびヒーローとなるときが来るかどうかはわかりませんが、目標に向けて、従業員のやる気を引き出すリーダーの存在が重要であることは間違いありません。市場と顧客が変化するにつれて、企業リーダーに求められるスキルも変わってきています。歴史的に、企業は、将軍の命令によって率いられる軍隊のように考えられてきました。しかし、今日の知識経済では、命令を叫ぶだけでは、知識労働者と呼ばれる人々のやる気を促すことはできません。ウォレン・ベニスは、未来の競争力を築くには、知的資本を創出するための社会構造が必要だと論じ、知的資本を最大限に活用するのに重要なのがリーダーだと言っています。

リーダーの資質

産業心理学者であるベニスは、リーダーに必要な7つの要因として、テクニカル・コンピタンス、コンセプチュアル・スキル、過去の実績、ヒューマン・スキル、審美眼（才能を見極める）、判断力、人格を挙げています。リーダーと呼ばれる人たちの多くは最初の3つは備えてはいますが、未来のリーダーには残りの技術の習得が大切になるでしょう。リーダーは管理者ではない、とベニスは主張し、「管理者は物事を正しく行い、リーダーは正しい物事を実践するのだ」と述べています。そして、リーダーのモデルはひとつではないと考えながらも、次の期待を満たすことができるのがリーダーだと説明しています。

人々がリーダーに期待するもの

・意味と方向付け
・信頼
・希望
・結果

リーダーが人々に提供するもの

・目的意識
・本物の人間関係
・不屈の精神（成功への自信）
・行動、リスク、興味、勇気

リーダーに必要なもの

・目的と目標
・信頼と一貫性
・活力とやる気
・自信と創造性

「能力あるリーダーは、組織の目的を定義するプロセスに、情熱、将来への見通し、重要性を持ち込む」とベニスは言い、それぞれが行うことに情熱を持って取り組んでいると付け加えています。人は次に何が起こるのかを知りたいと思っています。だから、将来への見

賢人の言葉

人格はリーダーシップの核である。
――ウォレン・G・ベニス（1999年）

通しは必要です。また、今日の知識労働者は他社へ容易に移ることができるので、自分が重要な仕事をしているのだと思うことが重要なのです。

賢人の言葉

リーダーとして
成功するには、チーム優先に考えることだ。
——ウェン・フランクスと
リチャード・ローリンソン（2006年）

ソフト戦略

「本物であるかどうか(オーセンティシティ)」というのが、リーダーシップ学では最近よく言われます。つまり、人々の信頼を得たければ、本当の自分を見せるのが大切だということです。自分を見せず、裏がありそうだという印象を与える人は、真意を勘ぐられます。人々は不安になり、本当のことを言わなくなります。心を開き、脆さを見せることは、弱さの証拠ではないのです。オーセンティシティ研修も盛んに行われるようになってきました。成果をあげることができないリーダーは、人々の信頼を失います。成果主義のリーダーはアイスホッケーの選手のようにシュートを打ち続ける、とベニスは言います。カナダの伝説のアイスホッケー選手ウェイン・グレツキーは「シュートを打たなければ100％失敗する」と言いました。しかし、ミス・ショットが許される気風も必要なのです。

また、リーダーには心の知能(EI)が必要だともよく言われるようになっています。1995年、ダニエル・ゴールマンは『EQ——こころの知能指数』(土屋京子訳、講談社）という著書で、EIを自己の自覚(セルフアワーネス)、自己の制御(セルフマネジメント。感情を制御する能力)、社会的自覚(他人への思いやり)、他者との関係の制御の4つの分野に分けました。

さまざまなリーダーシップのスタイル

リーダーシップの分類にはさまざまなものがあります。モントリオール在住の学者パトリシア・ピッチャーは、リーダーには次の3種類があると言います。

アーチスト（芸術家）

・想像力に富む
・やる気を起こさせる
・ビジョンを持つ
・起業家
・感情が豊か

クラフツマン（職人）

・堅実
・理性的
・思慮がある
・予測可能
・信頼できる

テクノクラット（技術系）

・知的
・几帳面
・妥協しない
・頭が固い

それぞれのリーダーに最適な場がある、とピッチャーは言います。創設期であればアーチストが、市場のポジションを確立するにはクラフツマンが、事業縮小などのつらい仕事にはテクノクラットが向いているでしょう。

コンサルタント会社ブーズ・アレン・ハミルトンの、オーエン・フランクスとリチャード・ローリンソンは、マーケティング、生産、金融、戦略などの進歩に比べて、リーダーに対する考え方はあまり変わっていない、と指摘しています。そして、決定的なリーダーシップ論がいまだに確立されていないのがその証拠であり、原因であると同時に、そろそろそうした理論が現れるべきときが来ている、と考えています。また、それが実現すれば、今後20年でもっとも重要な企業経営理論になるだろう、とも述べています。

さまざまなリーダー像

イギリスのコンサルタント会社キーラン・ペイテルは、リーダー像を次のように分類しました。

伝道者

崇高な目的（ビジネスの在り方、世界をより良いものにするなど）をもつ。信念を説き、従業員は信者になることが求められる。

ベンチャー・キャピタリスト

新しい環境での勝者を目指す。起業家精神に富み、イノベーションを求め、買収戦略を好む。小さな集団を理想とし、企業内起業を行う。

革命家

ルールを打ち破り、既存のモデルを破壊し、変化を起こす。少数の人々に救世主として信奉される。

投資銀行家

企業を売買する。企業、コンピタンス、リレーションシップ、商品、サービスなどの管理を行う。

将軍

企業経営をすぐれた戦略や戦法で敵を征服するものだと考える。戦略立案の細部を重要視する。

大統領

前線から離れ、政策や外交面から企業経営を行う。助言者が多いため、各部署との関係が密になることも、疎になることもある。

まとめの一言

エッセンスを瓶詰めする

CHAPTER 28 リーン生産方式

知ってる？

日本の自動車産業が生み出した方式とは？

リーン生産方式は、日本で生まれた極めて日本らしい経営スタイルです。管理は複雑で、要求が高いと同時に、美しいまでにシンプルなものです。実現は容易ではありません。原則はあくまで「無駄を排除する」ということです。

timeline

1911
科学的経営

1940年代
リーン生産方式

賢人の言葉

その理由をすべてなくせばいいのです。
——大野耐一（在庫をゼロに減らせない理由に対して）

リーンとは迅速で効率的なことを意味しますが、それだけではありません。1930年代から40年代にかけて日本の自動車業界で創り出されたもので、もともとはヘンリー・フォードの考え方に影響を受けています。互換性のある部品を使い、生産ラインの業務を標準化して生産プロセスを最初に統一したのはフォードです。リーン生産方式を最初に実践したのは彼だという人もいます。

しかし、フォードは、プロセスが遅れるのを怖れて多様化は行いませんでした。「黒である限りはどんな色でも揃っている」と言ったように、T型フォードは色も仕様もひとつでした。後発のメーカーは多くのモデルを提供しましたが、処理時間がかかりすぎたり、在庫を抱えたりして、生産を続けることができませんでした。

トヨタの大野耐一と同社の技術者である新郷重夫は、技術革新の導入によって、商品の多様性とフォードの生産方式の両方の実現が可能だと考えました。そして、いくつかのアイデアが統合され、誕生したのがのちにトヨタ生産方式と呼ばれるものです。

大野と新郷は、デトロイトの工場で使われているような巨大なものではなく、実際の生産量に適した大きさの生産機械を使用しました。また、多くのモデルに対応するため、金型を短時間で交換して1台の機械が多種少量の部品を生産できるようにしました。これは、のちにシングル段取り(SMED) と呼ばれるようになりました。また、後工程が前工程に必要なものを知らせる「カンバン」と呼ばれる指示書を導入し、在庫を最小限に抑えました。これがジャストインタイム(JIT)生産方式です。めまぐるしく変わる消費者の嗜好に合わせるため、幅広い品揃えと処理の短縮を目指しながら、低コスト、高品質を実現するのが基本原則です。

1950
サプライチェーン管理

1951
総合的品質管理（TQM）

1986
シックスシグマ

どこかが違う

他の日本企業もトヨタの手法を取り入れるようになりましたが、他国、特にアメリカが日本の製造業はどこかが違うとようやく気づくようになったのは、1970年代になってからです。当時、日本はアメリカの自動車産業の一端に確実に食い込み、その後、エレクトロニクスといった他産業にも進出していきます。

アメリカ企業は日本を視察に訪れ、「カンバン」といった言葉を知るようになりました。しかし、それが理解されるようになるのは、1981年、起業家ノーマン・ボデックがトヨタ方式に関する新郷の著作に出合ってからのことです。彼はその本を翻訳させ、新郷を講師として呼び寄せて、リーン生産方式のコンサルタントを始めました。その後、この言葉は、1990年、ジェームズ・ウォマック、ダニエル・ジョーンズ、ダニエル・ルースが『リーン生産方式が、世界の自動車産業をこう変える―最強の日本車メーカーを欧米が追い越す日』(沢田博訳、経済界)を著したことによって定着しました。当時マサチューセッツ工科大学(MIT)の研究者だったウォマックらは、この考え方を広めるために、リーン・エンタープライズ・インスティテュートという非営利団体を設立しました。それに関心を示したのが、ボーイング、ポルシェ、テスコといった企業です。リーン生産方式は即効薬ではなく、到達できない場所へ旅をするようなものだと実践者は言います。また、他社の協力が不可欠です。リーンを達成するには、供給業者もまたリーンでなければならないからです。高品質とサプライチェーンのＪITが実現できなければ、リーンは不可能なのです。

リーン生産方式は、まず工場内を歩き回り、それぞれの部品の関連性を知り、無駄を特定することから始めます。無駄にはいろいろあります。需要以上に、あるいは必要とされる前に生産するのは無駄なことです。在庫のように価値を高めないものも無駄です。機械処理が終わるのを待ったり、不必要な移動をしたりするのも無駄で、排除しなければなりません。欠陥品を作るのは間違いなく無駄です。欠陥品を修理してはいけません。欠陥品を作らないようにするのです。従業員を訓練することなく、決定権も与えなければ、彼らの時間

賢人の言葉

リーン生産方式は製造業を変えた。
次は、消費にリーンな考え方を持ち込むときだ。
――ジェイムズ・ウォマックと
ダニエル・ジョーンズ(2005年)

賢人の言葉

リーンの原則は、時間、金、ヘルスケアにかけるエネルギーを減らしたり、排除したりすることである。
――ジェイムズ・ウォマック（2005年）

とスキルを無駄にしていることになります。顧客にすぐれた商品を提供できなければ、彼らの時間と金を無駄にしてしまいます。

リーンには、JIT、SMED、カンバン、総合的設備管理（TPM）、5S（整理・整頓・清潔・清掃・躾）、カイゼン（漸進的改革）など多くの原則があります。一部だけを実践するのは危険で、独自のやり方ではカイゼンは実現できないというのが専門家の意見です。次にあげる5つのステップがリーン方式の原則です。

1．価値を特定する

価値を特定し、創造しながら、あくまで顧客に注力する（株主や経営陣や政治家の都合に合わせてはいけない）。

2．価値体系を特定する

商品生産に必要な過程でいかに価値が付加されているかを知る。

3．フロー

1と2が特定できたら、連続したフローを設計する。

4．顧客に選んでもらう

顧客に不要な商品を押し付けるのではなく、必要なものを選んでもらう。

5．完璧を目指す

ウォマックとジョーンズはこう言っている。「顧客が必要とするものを提供する一方で、労力、時間、場所、コスト、ミスを削減していくためのプロセスには終わりがない。完璧を目指すというのは馬鹿げたことではないはずである」

リーンの用語

自働化

人間味のある自動化。オペレータと機械がともに働く半自動プロセス。「ニンベンのある自動化」ともいわれ、異常や不具合が生じたときに、機械が自動的にそれを監視・管理する。「自動化」では、不具合が生じても動き続けるため、多量の不良品を生産してしまう。

平準化

すべての生産を決められたサイクルタイムで行う。安定して作業を進め、ムラを生じさせない。

機械・設備に対するポカヨケ

機械のミスを減らしたり、なくしたりするための仕組み。

カイゼン

漸進的な改革。考えながら、従来のやり方を見直し、ムダを見つけ、ミスを減らし、生産性の向上やコストの削減を行っていく。

カンバン

生産工程の間でやり取りされる伝票。現品票(その製品の説明)、生産指示票(納品の時期、量、方法、順序など指示)、運搬指示票(運搬に関する指示。物、時期、場所など)カンバンを用いることで、工程間での生産情報の流れをよくし、品質の向上、作業の改善、作りすぎ・運びすぎの無駄を減らす。

ジャストインタイム

必要なものを必要な時に、必要な量だけ生産したり運搬したりする。

人に対するポカヨケ

作業者のミスを減らしたり、なくしたりするための仕組み。

ムダ

1.作りすぎのムダ
2.在庫のムダ
3.手待ちのムダ
4.動作のムダ
5.不良をつくるムダ
6.加工のムダ
7.運搬のムダ

1個流し

1回あたり大量に生産するのではなく必要に応じて1個又は1台ずつ加工すること。

タクトタイム

顧客のニーズに応えるためにどれだけの時間で製品を製造する必要があるかという時間のこと。タクトタイム＝1日の稼働時間/1日の必要数量

バリューストリーム・マップ

製造工程のどこで付加価値が生み出されるかを明確にする。

5S

・整理（Seiri）――不必要なものを取り除くこと。
・整頓（Seiton）――何を、どこに、どのように置くかを決め、必要なときに使える状態にしておくこと。
・清掃（Seisou）――掃除によって、ゴミや汚れのない状態にする。
・清潔（Seiketu）――整理・整頓・清掃を維持すること。
・躾（Situke）――整理・整頓・清掃・清潔を常に維持して、日常習慣として身につけること。

5Sが実施されると、把握が難しかった小さな欠陥や不良を改善することができ、作業の効率が上がる。

参考文献：『リーン生産方式が、世界の自動車産業をこう変える――最強の日本車メーカーを欧米が追い越す日』（沢田博訳、経済界）、『トヨタ生産方式』（大野耐一著、ダイヤモンド社）

まとめの一言

無駄を排除すること

CHAPTER 29 学習する組織

知ってる？

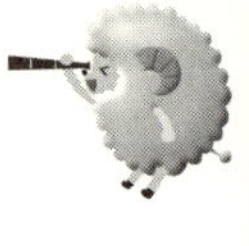

組織が「学習」しなければいけないのは？

世界はスピード化しています。インターネットの普及が進み、人々はより多くを求めるようになりました。いますぐに、本当に欲しいものだけを求めているのです。しかし、欲しいものは、明日には変わっているかもしれません。市場の細分化が進み、変化が加速しているからです。それについていけない企業は消えていくしかありません。だからこそ、現場主体の継続的な改善の努力が必要なのです。目的や手法を継続的に考え直すことが競争力を作り出すためのもっとも大切な要素だ、とオランダの著作家であり、元コーポレートプランナーであるアリー・デ・グースは言います。しかし、個人は学ぶことによってしか変わることができません。つまり、学習は未来のための資本なのです。

timeline

1911
エンパワーメント
アントレプレナーシップ（起業家精神）

1958
システム思考

賢人の言葉

学習する組織は実現可能である。
なぜなら、わたしたちは全員根本的に学習者だからだ。
——ピーター・センゲ（1990年）

学習する組織という考え方が進化したのはそのためです。それは、社員を研修するというだけではありません。個人が学び、学び続けるだけでなく、組織そのものが学び、学び続けることです。マサチューセッツ工科大学(MIT)の講師であるピーター・センゲは、この考え方を積極的に広めています。1990年の著作『最強組織の法則——新時代のチームワークとは何か』(守部信之訳、徳間書店)では、学習する組織を、従業員が真に求める結果を作り出すための能力を高め、新しく視野の広い考え方が育ち、集団的な願望が形成され、従業員が継続的に全体図を見ることを学び続ける組織だと説明しました。

立ちはだかる障害

素晴らしいものに思えますが、いかにこうした組織を実現すればいいのでしょうか。簡単なことではありません。センゲは、学習する組織を作るための障害をいくつかあげています。ひとつは「自分の役割はこれだけ」症候群です。こういう考え方では、自分に関わりのないことには責任を感じないようになってしまいます。「敵は内にあり」という障害もあります。また、四半期の業績や競合他社の新製品といったものばかりに目を奪われると、質の相対的劣化といった真の脅威を見逃してしまいます。さらに、学習は経験が大切なのに、ある決定が他の部署に及ぼす影響を経験しないことも問題です。また、従業員同士、特にマネジャーが、積極的に見せかけながら、実は受け身だったり、保守的であったりすることもあるでしょう。「組織学習」という言葉を作ったハーバード大学のクリス・アージリスは、こういう組織では正しくない知識が伝達されてしまうと言います。

5つの原則

誰でも学ぶことはできますが、こうした環境や組織は思考や連帯感の妨げになります。センゲは、「真の学習とは人間であるとはなにかを知ることだ」と言い、すばらしいチームの一員になれば、価値ある経験ができると言うのです。

学習する組織を作り上げる5つの原則については、次のように述べています。

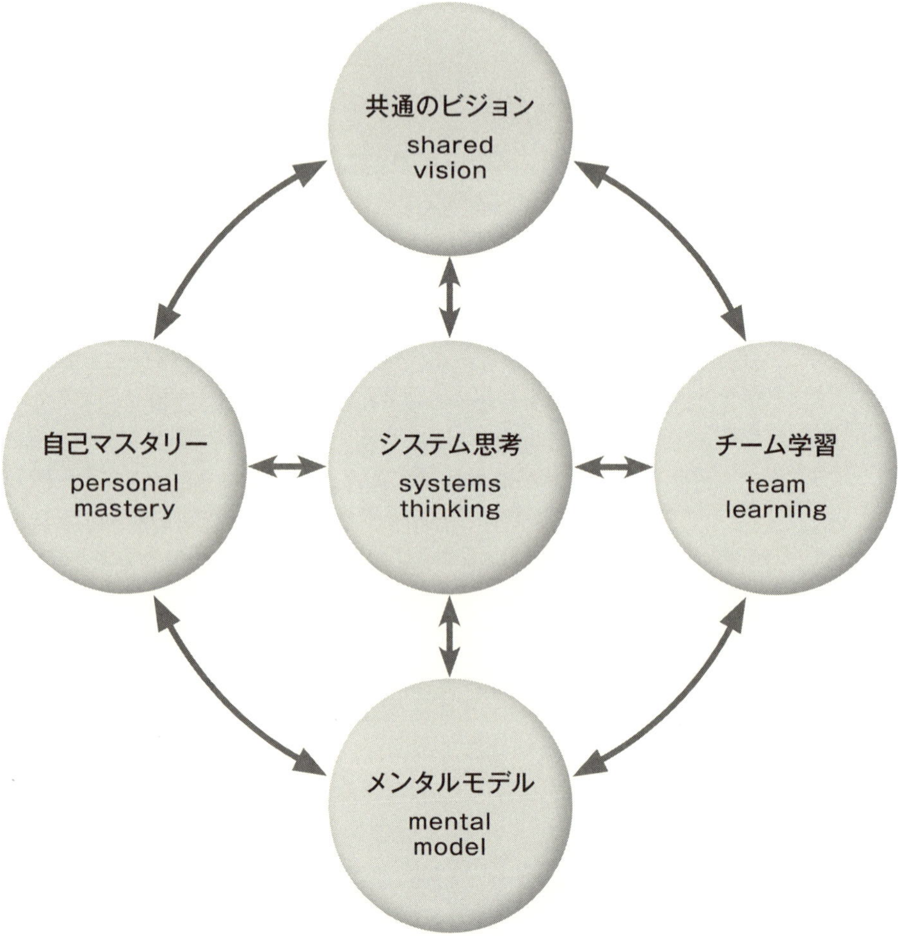

1. システム思考（228ページ参照）

全体や物事の関連性を見る。今日の行動が、別のときに、別の場所に影響（悪い影響の場合もある）を及ぼすのを理解する。組織を理解し、活用する。

2. 自己マスタリー

個人の成長と学習のこと。コンピタンスとスキルをもとに、受け身ではなく、創造的な視点をもって生きることである。自己マスタリーを身につけた人は、いくら学んでも学び足りないと感じる。学ぶ組織の精神は、そうした人々の探求心によって作り出される。

3. メンタルモデル

世界の仕組みと人の本質について持つイメージが物の見方や行動にも影響を及ぼす。たとえば、「ジョーはこの仕事に向いていない」と思い込めば、ジョーをそういう人として扱うようになる。そして、初めてミスをおかしただけで、「ほら、思ったとおりだ」と言ってしまうのである。やがて、ジョーはやってみることもしなくなる。能力がないのではなく、失敗が怖いからである。長い間、GMでは、車がステータスシンボルだという基本的仮定（メンタルモデル）があった。よって、質よりもデザインが重要視された。メンタルモデルは本質的には悪いものではないが、検証が必要である。

4. 共通のビジョン

ビジョンは「わたしたちは何を創り出したいか」という問いへの答えである。共通のビジョンがあれば、真の絆が生まれ、働くことはより大きな目的を追求することの一部になる。共通のビジョンを持つことは、学ぶことの目的と活力の源となるので不可欠である。

5. チーム学習

チームのメンバーが真に望む結果を作り出すために、能力を集結し、さらに開発する。人が多いほどより良い考えが生まれるので、複雑な問題もより深く考えられるようになる。互いに対する信頼ができあがるので、シニアのメンバーであれば、その経験を他のチームに伝えることもできる。対話や討論が重要な役割を果たす。

必要とされるリーダー

原則の5番目である「チーム学習」は、実際にはシステム思考のことです。これがすべての基本であり、すべてにおいてリーダーが大切であるとセンゲは言います。学習する組織ではリーダーに対する新しい考え方が求められます。これまではずっと、従業員というのは力がなく、ビジョンに欠けていて、変化を起こす能力を身につけることができないとされてきました。リーダー、それもとりわけ偉大なリーダーだけが、それらを成し遂げ、変化を起こすことができると考えられたのです。しかし、学習する組織のリーダーは、全体の目的、ビジョン、基本的価値観を設定し、必要な指針や戦略、そしてシステムを決め、5つの原則を貫かなければなりません。ビジョンを押し付けるのではなく、守るのが役目なのです。そして、メンバー一人ひとりのビジョンを育てるための教師としての役割も果たします。

そうすることで、説得力のあるビジョンが生まれ、ミッションステートメントをもとにした学習する組織が出来上がります。ただし、センゲの指示に従っている企業はそれほど多くありません。もちろん、チーム構築という考え方は広く取り入れられ、学習する組織を作るための研修も設けられています。しかし、こうした理論をすべて受け入れるには、大きな変化が必要です。センゲの登場は早すぎたのかもしれません。

賢人の言葉

過去何千年かのうちで、リーダーシップに関する考え方が企業に影響を与えたとすれば、それは未来像を共有する能力である。
——ピーター・センゲ（1990年）

賢人の言葉

組織的防御は……
学習の放棄と過保護である。
——クリス・アージリス（1992年）

聞きたがっていることだけを言う

学習する組織で大切なのは従業員同士のコミュニケーションだが、多くの人にとってこれが学習の妨げになる。組織行動学の権威であるクリス・アージリスは、これをモデルⅠ、モデルⅡとして説明している。
モデルⅠでは、従業員は企業文化（暗黙的な組織的防衛）によって受け入れられる意見や情報だけしか口にせず、対立を避ける。会議で好ましくない情報を提供すれば、罰せられたり、他のメンバーを怒らせたりするのではないかと考え、口を閉ざしたり、真実を歪曲したり、嘘をついたりする。そうなると、組織は無効な知識を得るだけで、間違いを発見することも、正すこともできない。しかし、学習とは間違いを発見し正すことだ、とアージリスは言う。
モデルⅡの企業は、問題を提議する方法を確立し、有効な情報を得ることができる。従業員は対立する意見を言うことを怖れず、他のメンバーの意見に対して疑問を呈したり、評価を述べたりすることが奨励される。企業の目的や戦略といったことについても、間違いがあれば指摘可能である。アージリスによれば、こうした企業はほとんど存在しない。

まとめの一言

学習は未来への資本だから

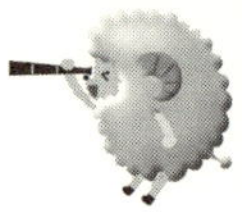

CHAPTER 30 ロングテール

ほとんど売れない商品だったのに…

インターネットはすべてを変える——
1990年代はそう言われてきました。のちに、
そうでないことがわかりましたが、それでも多くの
ことがインターネットによって変わりました。
ニッチ（すきま）市場で、時間をかけて金を生み出す
ことができるようになったこともそのひとつです。

timeline

1897
80対20の法則

1950年代初期
チャネル管理

賢人の言葉

ひとつのサイズに誰もが合わせせる時代は
終わり、かわりに多数の細分化された市場が生まれた。
——クリス・アンダーソン（2006年）

かつては、利益を求めることができるニッチ市場はたくさんありました。しかし、大量生産とマーケティングの時代が到来し、そうしたビジネスは閉め出されてしまいました。特に消費者市場ではそれが顕著でした。提携によって生まれた強力な小売り業者は、大量に売れるものだけを在庫し、それ以外のものはあまり扱わなくなりました。その過程で、小規模な生産者はふるい落とされてしまいます。

本、音楽、映画といったメディアやエンターテイメントといった産業ではその傾向がとりわけ強く、ベストセラーや大ヒットというものばかりになってしまいました。しかし、ロングテール理論によれば、インターネットの世界では、ニッチ市場の商品が生き残ることができるだけでなく、ヒット商品と同等、あるいはそれ以上を売り上げることができると考えられています。

ロングテール理論を広めたのは、ワイアード誌編集長のクリス・アンダーソンです。2004年、彼はその理論を論文にして詳しく説明し、のちに一冊の本にまとめました。どちらもタイトルは『ロングテール』（邦訳は『ロングテール——「売れない商品」を宝の山に変える新戦略』（篠森ゆりこ訳、早川書房））で、『死のクレパス アンデス氷壁の遭難』（中村輝子訳、岩波書店）が初版から10年もたってベストセラーになったことから始まっています。理由は、アマゾン・ドットコムに多数の推薦の言葉が掲載されたこと、そして、最近になって同様の本が出版されたことです。これはオンライン書店の魅力を示すだけでなく、メディアとエンターテイメント産業にとって、新しいビジネスモデルが力を発揮しはじめた例だ、とアンダーソンは説明しています。

アマゾンは、この例において、2つの役割を果たしています。まず、本に関する情報を広めるのを助けたこと、さらに、より重要なのは、その本を実際に在庫したことです。実店舗では、棚はとても貴重で、確実に売れるものしか並べない傾向があります。バーチャル書店であるアマゾンは、辺鄙な場所に巨大倉庫を有し、街の書店よりも多くのタイトルを在庫するのが可能です。デジタル本（またはアルバム）も合わせれば、さらに在庫能力は増えます。

98％ルール

これは売り上げの傾向に大きな効果を及ぼします。マサチューセッツ工科大学（MIT）の教授であるエリック・ブリニョルフソンが率いるチームは、アマゾンの売り上げと売り上げランキングの関係を調べ、売り上げの多くが伝統的な書店では入手できない本によるものだということに気づきました。

一方、アンダーソンは、全米のバーやクラブにデジタル・ジュークボックスを提供しているイーキャストについても述べています。同社が提供する1万のアルバムの中から四半期のうち1曲でも売れるのはどれくらいでしょうか。80対20の法則（94ページ参照）を信じるとすれば20％でしょう。ところが、実際は98％なのです。この98％というルールは、アマゾン、音楽販売のITunes、映画DVDレンタルのネットフリクスなどにもほぼあてはまる、とアンダーソンは言っています。インターネットへの接続が容易になれば、消費者はほとんどすべての商品を見ることができます。マーケティングの4つのP（120ページ参照）を学ぶ者は、"Place"に新しい可能性を見出すことでしょう。

インターネットでの売上と取り扱い商品をグラフにすると、高く始まった数字が急落し、ほぼ平らになって右側へ長く延びています。

平らに延びた部分がパレートテールあるいはロングテールと呼ばれる部分です。ヒット商品は、アンダーソンがショートヘッドと呼んだ左の部分で、夏の流行時にたくさんダウンロードされたヒット曲です。一方、テール（尻尾）の部分は、毎年、わずかな頻度ながらダウロードされる何百、何千という曲です。こうした曲が、最終的には、ヒット曲と同じ価値をもつことになるかもしれないのです。

賢人の言葉

われわれのビジョンは、顧客が買いたいと思うかもしれない商品が見つかる場所を作ることだ。
——ジェフ・ベゾス（アマゾンの創設者）

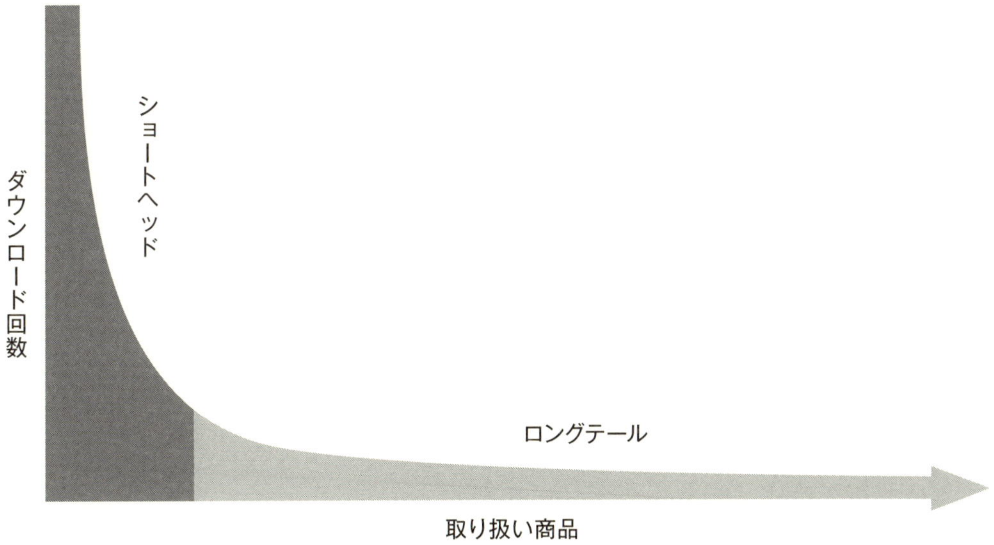
ショートヘッド
ダウンロード回数
ロングテール
取り扱い商品

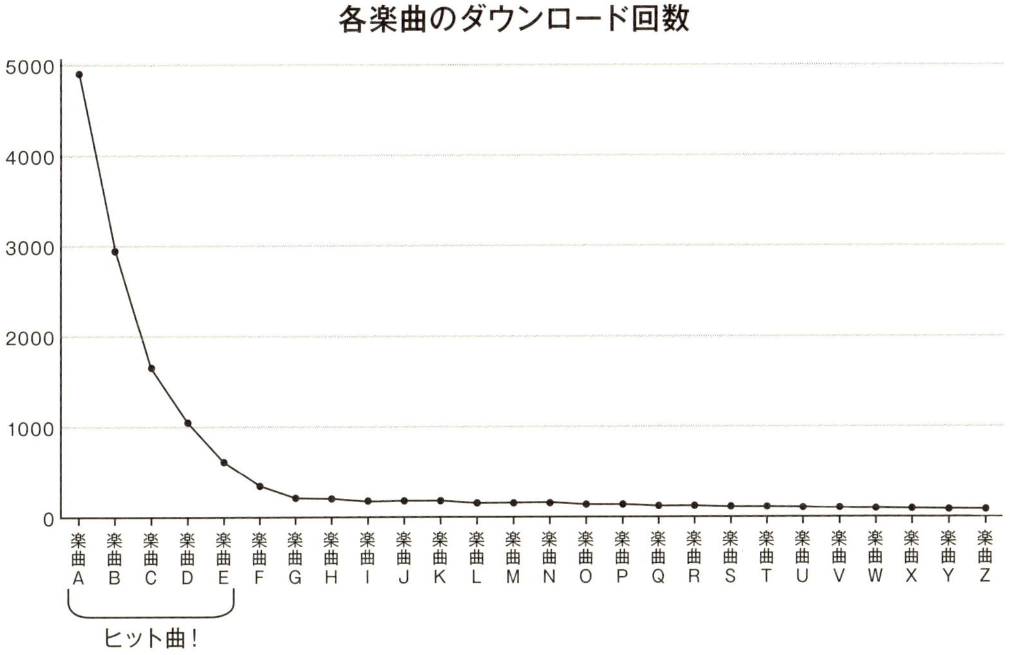
各楽曲のダウンロード回数
5000
4000
3000
2000
1000
0
楽曲A
楽曲B
楽曲C
楽曲D
楽曲E
楽曲F
楽曲G
楽曲H
楽曲I
楽曲J
楽曲K
楽曲L
楽曲M
楽曲N
楽曲O
楽曲P
楽曲Q
楽曲R
楽曲S
楽曲T
楽曲U
楽曲V
楽曲W
楽曲X
楽曲Y
楽曲Z
ヒット曲！

ロングテール・ビジネスを創出するために覚えておくべき2つの原則を、アンダーソンは次のように紹介しています。

1. 全商品を入手可能にする。
2. 客が商品を見つけるのを助ける。

ロングテール理論は多くの産業に当てはまるとアンダーソンは言い、デンマークのレゴの例をあげています。同社の商品は伝統的なおもちゃ屋にはたいがい何十か置かれています。しかし、インターネットや通信販売では、1000近い商品が買えるのです。つまり、実店舗にあるのは売り上げ上位にあるものだけなのです。インターネットのサイトでは、子どもたちが作った作品が紹介され、それをほかの子どもたちが買うことができるようになっています。

キッチン用品のキッチンエイドが販売するミキサーにもロングテール理論が当てはまります。実店舗は、通常、黒と白ともう1色を揃えているだけですが、同社では50色以上を提供しています。実店舗は保守的なので、市場全体でも、毎年、6、7色しか手に入りません。しかし、現在、オンラインショップで全色が用意されているため、それぞれがよく売れています。2005年にもっとも売れたのはオレンジ色でした。実店舗でこの色を置いているところはありません。

賢人の言葉

需要と供給を結ぶコストを劇的に削減できれば、数量だけでなく、市場の質を変えることになる。
——クリス・アンダーソン（2006年）

アンダーソンによるロングテールの一般原則

在庫を増やす	オンラインでは実店舗よりも多くの商品を提供することが可能である。在庫は提携業者に委託し、販売は自らのサイトで行うバーチャル倉庫という手法を採用している企業もある。
顧客の力を借りる	ピア・プロダクションと呼ばれるもの。イーベイ、ウィキペディア、クレイグズリスト、マイスペースなどは、多くの人が無報酬でプロジェクトに参加している。使用者の評価は信頼性が高い。アウトソーシングではなく、クラウドソーシングである。
万能サイズはない	マイクロチャンク化と呼ばれるもの。音楽CDを曲ごとに、新聞を記事ごとに、料理本を1レシピごとにというように、コンテンツを最小単位に切り分けて提供する。
万能価格はない	種類が豊富な市場では、価格を多様に設定すれば、商品の価値を最大限に高め、市場を最大化することができる。
情報の共有	ベストセラー、価格、評価によってランク付けをする。透明性によって、コストをかけずに信頼を築くことができる。
市場を信じる	顧客が少ない市場では何が売れるかを考えなければならない。顧客が多い市場では、なんでも試してみるといい。

まとめの一言

ニッチ市場が大衆市場に勝つ

CHAPTER 31 ロイヤルティ

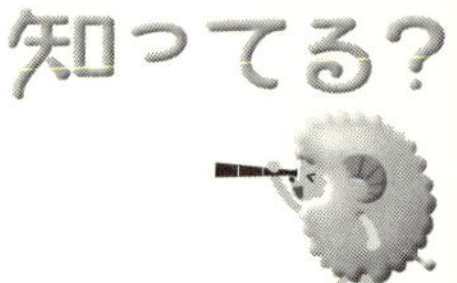

お得意さまが大切なのは？

経営コンサルタントは、より良い経営理論や企業の経営手法と収益との知られざる関係を見つけだしたいと多くの時間を費やしています。フレデリック・F・ライクヘルドとベイン＆カンパニーの同僚たちは、顧客維持と企業の成長性・収益性との間に緊密な関係があるのに気づきました。彼らはこれを「ロイヤルティ（忠実度）」と呼び、収益性が特にすぐれた企業では、従業員や投資家のロイヤルティも見られることがわかりました。それぞれが他を強化しているのです。

timeline

1896
ロイヤルティ

1924
市場細分化

訪れたことさえ覚えていないような店の会員証やスタンプカードを、たくさん持ってはいないでしょうか。それはライクヘルドのせいです。顧客定着率を向上させる努力は新しいものではありませんが、1996年の彼の著作『顧客ロイヤルティのマネジメント──価値創造の成長サイクルを実現する』(伊藤良二・山下浩昭訳、ダイヤモンド社)によって、競争力として不可欠なものと考えられるようになり、企業は優秀顧客(ベストカスタマー)を得るために彼の理論を試すようになりました。ライクヘルドは、ロイヤルティは貞操や礼儀とともに死に絶えたと考えている人たちに対して、それがまだ健在なだけでなく、価値を創造するための確かな手段だと主張したのです。1896年にアメリカでグリーンスタンプが、やや遅れてイギリスでグリーンシールドスタンプが導入されて効果をあげたことを覚えている人もいるでしょう。買い物客は購入金額に応じて冊子に貼るスタンプをもらい、トースターやコップと交換しました。1980年代には見られなくなりましたが、発案者のスペリー&ハッチンソン社は、今でもインターネットを中心にグリーンポイント・プログラムを提供しています。

1981年、アメリカン航空は、Aアドバンテージという、マイレージプログラムを導入しました。それ以後、同様のプログラムが多数現れ、より大きな景品を提供するものも現れました。

企業は、顧客を長い間維持するために工夫をこらしてきました。顧客維持が重要だというのは、いまでは当然のことと考えられています。古くからの顧客は、獲得コスト(償却原価)が少なくてすむうえに、離れてしまう可能性が低いからです。企業の評判を広めてくれるとともに、補助的な製品も買う傾向があります。また、勝手がわかっているので対応に時間もコストもかかりません。

しかし、ライクヘルドらは、顧客、従業員、投資家のロイヤルティをすぐれた業績を達成するための中核であり、獲得すべき貴重なものと考えました。バランスシートには表れないものの、この3つは企業が有するもっとも価値ある資産だと論じ、ロイヤルティがなければ、毎年10～30％の顧客を失い、15～20％の従業員が離職し、50％の投資家が株を売却すると指摘しました。「毎年、貴重な資産を20～50％も失いながら、利益を確保できる経営者はいるだろうか」彼はそう問います。

価値の指標

企業の基本的な使命（ミッション）は価値の創造であり、利益はそれに付随するものだ、とライクヘルドは言います。利益を従業員の解雇で操作し、給与削減や商品の値上げによって収益向上を装うのは可能ですが、従業員と顧客のロイヤルティを損なうことになるでしょう。「顧客および従業員のロイヤルティを維持する唯一の方法は、すぐれた価値を提供することであり、ロイヤルティは確かな価値を創出したしるしでもある」と彼は言っています。

ロイヤルティの効果は企業全体に浸透します。優秀な顧客を確保し維持できれば、収益と市場シェアが拡大するので、新規顧客を選ぶ立場になることが可能になります。持続的成長が達成できれば、優秀な従業員を企業に引き止めることができます。従業員はすぐれた価値を提供することに満足感を得ると同時に、長期間にわたって顧客を知ることにより、さらなる価値を提供することが可能になります。こうして、互いのロイヤルティが強化されるのです。

ロイヤルティの高い従業員は、コストを削減し、品質を向上させる一方で、いかに価値を高め、生産性を向上させるかを現場で学びます。生産性が向上すれば、より多くの給与やツールやトレーニングの提供が可能になるので、さらなる生産性や給与の拡大が達成され、ロイヤルティはさらに強化されます。生産性が向上し、忠実な顧客に効率的に対応することができれば、他企業に対してコスト上の優位性が生まれます。コスト優位性を維持し、顧客を安定的に増やすことができれば、利益を達成し、忠実な投資家を引き付けることができるのです。

賢人の言葉

顧客、従業員、投資家のロイヤルティをつなぐ方法を見つければ、価値創造のプロセスに新たな光を当てることができる。
——フレデリック・F・ラインヘルド（1996年）

忠実な投資家はパートナーのようなものだ、とライクヘルドは言います。「忠実な投資家がいれば、システムは安定し、資本コストは減少し、企業が価値を創造するために必要な投資を可能にするための資金を確実に得られるようになる」

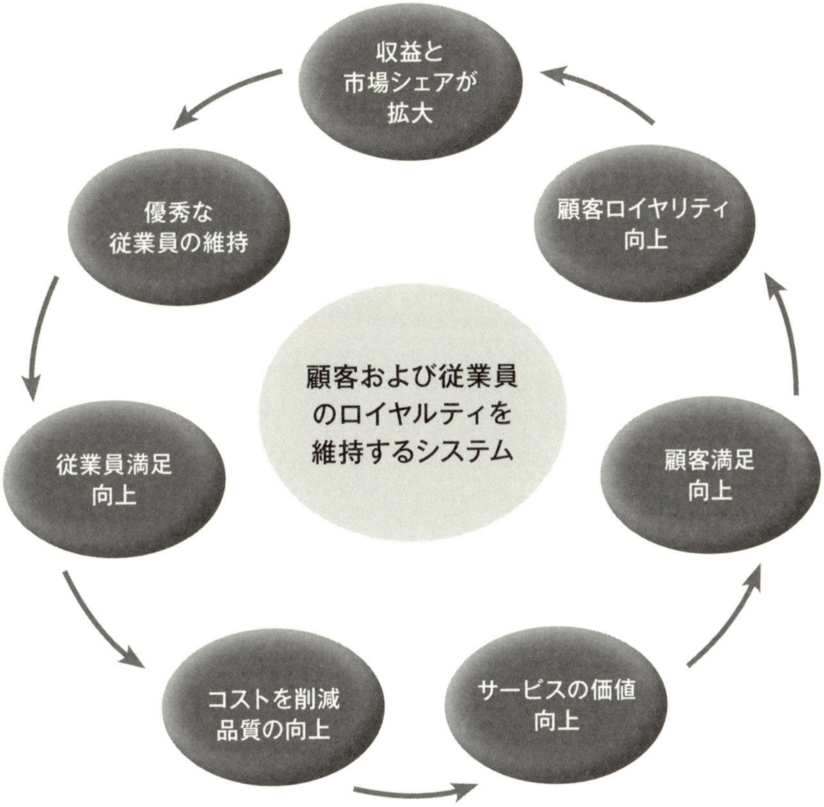

破壊的利益

利益はこの理論の中心ではありませんが、より良い価値を創造する燃料として、また、ロイヤルティを維持するための刺激として必要です。ライクヘルドはこうしたモデルによって発生する利益を「良い利益」と考えています。四半期の数字だけを考えた利益は「破壊的」

会員カードを作ってもよろしいですか

ロイヤルティカードは意外な場所でも使われている。マックスウェルハウスコーヒーは、買い物をするたびに「ハウスポイント」を付与している。ヘアケアおよびスキンケアのニュートロジーナおよびアメリカのNBAも同様のプログラムを準備中だという。

顧客の愛顧に値引きや商品やサービスで報いるプログラムは、満足できる結果を生み出している。アメリカの研究者ザヴィエル・ドレズは、ロイヤルティ・プログラムを調べ、「ベビー・クラブ」プログラムによって、ベビー用品の売り上げが6ヶ月の間に25％増になったことを知った。ザヴィエルとその同僚の学者であるジョゼフ・C・ニューンズは、顧客カードを保持する客の購買行動を調べ、こうしたプログラムが増益に効果があることを発見した。

最初からいくらかのポイントを付与すれば、顧客はプログラムの達成に必要なポイントを集めようと努力する。たとえば、8ポイントの獲得が必要だとしよう。その場合、設定を10ポイントにして、2ポイントを会員登録時に最初から付与する。すると、集めるポイントは同じだが、顧客はすでにポイントを集め始めたような気になるのである。それによって、達成率は上がり、達成までの時間も短縮される。

貨幣的価値がなくても、ポイントを集めるのを楽しむ顧客もいる。Yahoo知恵袋は正しい答えを提供した人にポイントを与えてランク付けをしている。回答者は他の人よりも高い得点を得るために、何時間も費やすのである。

賢人の言葉

企業――特に大企業――は、どのような顧客を求めて獲得するべきかをあまり考えていない。

――フレデリック・F・ラインヘルド（1996年）

賢人の言葉

忠実な従業員が最大の顧客紹介ツールとなることがある。
——フレデリック・F・ラインヘルド（2006年）

なものです。価値の創造や共有からではなく、資産を不当に利用し、真に価値のあるものを売り払うことによって得たものだからです。

ライクヘルドは、見かけ上の損益は同じなので、それを見分けるのは難しいと言います。しかし、ロイヤルティを測る方法はあります。顧客や従業員や投資家が離れていく割合が小さければ、良い利益です。そうでなければ、おそらく真の資産を売り払った結果で、長期的には価値を破壊することになります。

別の意見を唱える人もいます。ほかの要素が同じであれば、顧客の多くは安価なものに流れるというのです。ライクヘルドなら、間違いなく、それを破壊的予測と呼ぶでしょう。

まとめの一言

新規顧客を探すより既存顧客の維持のほうが好ましいから

CHAPTER 32 目標管理（MBO）

知ってる？

目標管理で大切なのは？

目標管理はビジネスにあまり関心がない人でも
知っている言葉かもしれません。1954年、
ピーター・ドラッカーが、彼の節目となった『新訳 現代の経営』
（上田惇生訳、ダイヤモンド社）で紹介したものです。
目標管理（MBO）は、木を見て森を「見る」ことです。
マネジャーは日々の業務に追われ、なぜこれをやっている
のかという目的を見過ごしてしまう自己目的化
に陥りがちです。目標管理はなにをするかではなく、
どんな結果を出すかを重視します。そのため
結果管理と呼ばれることもあります。

timeline

1911
エンパワーメント

＊残りの4つは、組織をまとめ、やる気を起こさせ、コミュニケーションを図り、自分自身を含めて能力を開発することです（訳注）

ドラッカーは、目標を設定することはマネジャーがやるべき5つの業務のひとつだと言います。* 目標管理で重要なのは、上位下位にかかわらず、すべてのマネジャーが目的を理解し認めることです。すべての人がそれぞれに目標を持ち、互いが同じ方向を向き、目標に向かう過程をモニター、計測して、状況に合わせて必要なときに変更を加えれば、ビジネスは必要なリソースのみで可能な限りの良い結果を生みだすことができるでしょう。

目標管理は、組織が目指す最終的な目標を決めることから始まります。まず取締役会で企業全体が達成すべき目標を設定します。それからそのために行うべき業務を決め、責任者を任命します。次にその業務を分析し必要なことを考えます。このようにして目標が組織全体に連鎖していくのです。

目標が決まったら、それを支援するための設計図を作ります。目標を本気で達成するつもりなら、それを定義する過程に参加しなければなりません。目標による管理なので、部下が達成すべき目標に合意したあとは、マネジャーが仕事のやり方を細かく指示することもありません。「マネジャーは自らの目的により方向を決め、管理されるべきだ」とドラッカーは言います。

つまり、目標管理は、下位のマネジャーにとっては権限の委譲であり、初期のエンパワーメントなのです。マネジャーにある程度の責務を負わせるので、多国籍企業と海外子会社の関係のようなものだと言えるでしょう。本社は、現地のマネジャーが現地についてよりすぐれた知識をもっていることを認め、大まかな目標を決め、あとは現地に任せます。BP社では、これを事業部の責任者との契約として合意しています（108ページ参照）。

戦略リンク

目標管理は経営上層部の戦略を組織の下位にまで浸透させることができます。すべてのプロセスを正しく実行するには、進捗を定期的に監視し従業員の業績を評価しなければなりません。また、評価をしたらフィードバックが必要です。ドラッカーは、重要なことを決めたり行ったりしたときは、期待される結果をあらかじめ書いておき、成果が見えはじめたときに、これらを比べるべきだと言います。フィードバックにより、得意なもの、苦手なもの、変えるべきもの、推進すべきものが明らかになるのです。目標を達成できた人には報酬が与えられる一方、不達者には罰則があります。1940年、ドラッカーはGEで目標管理を実践し、目標を達成できなかったマネジャーを解雇しました。

目標管理の問題点は、目標の設定や修正に多大な書類事務が必要で、時間がかかりすぎることです。また、目標に重点が置かれているので、達成できる目標を設定することが重要になります。1980年代と1990年代には、目標管理にはSMARTが求められると言われるようになりました。

S（Specific）具体的。あいまいなものは不可。
M（Measurable）測定可能。目標は数値化する。
A（Achievable）達成可能。簡単すぎず、難しすぎないもの。
R（Realistic）現実的。可能なリソースを与える。
T（Time-related）期限を決める。

今日、目標管理は完全な理論として使われなくなっています。昨今はシステム全体を考える傾向にあるのに対して、目標管理はあまりに直線的で状況や人間性を否定しているからです。また動きが速い情報化時代には適していません。目標も仮定条件もめまぐるしく変化し、昨日の計画は今日にはもう時代遅れになってしまうかもしれないからです。

達成者に報い、不達者を罰するという結果本位の管理をすれば、従業員は数字合わせだけをするようになるので、チーム作りや士気や倫理的行動に悪影響を及ぼします。他のビジネス理論同様、目標管

賢人の言葉

わたしたちが生きる複雑な企業社会では、企業経営者は公共の福祉に対する責任を負わなければならない。
——ピーター・ドラッカー（1978年）

理も激しい批判にさらされ、ドラッカーは自らの理論の重要性を否定しました。「目標管理はひとつのツールにすぎず、経営陣の能力不足を補うには十分ではない。目標がわかっているときには力を発揮するが、そうでないことがほとんどだろう」

賢人の言葉

知識主体の企業では、結果から目的まで、フィードバックによって仕事をコントロールできるようにしなければならない。
——ピーター・ドラッカー（1993年）

人物紹介　**ピーター・ドラッカー（1909～2005）**

「今日流行のビジネス理論の大半はあなたが生まれる前にピーター・ドラッカーが書いている」ビジネス思想家のチャールズ・ハンディは経営学の父をこう紹介した。これは誇張ではない。現在当然のものとして受け入れられている概念はドラッカーから生まれたものだ。

ドラッカーはウィーンに生まれ、ヒトラーが支配するドイツで20代を過ごし、ロンドンで短期間働いた後、1939年アメリカに渡った。7年後、『企業とは何か』（上田惇生訳、ダイヤモンド社）を著して、ゼネラルモーターズの経営手法を分析し、社会における役割に疑問を呈して、同社を苛立たせた。ドラッカーはそうしたことをよく行った。彼は大きな政府と無秩序な市場の力を信じず、良い経営陣と経営が世界を救うと考えていた。

彼はまた、フレデリック・テイラーの組み立てライン（204ページ参照）を批判し、労働者は経営資源（知識労働者）として扱うべきだと考えた。しかし、過剰なエンパワーメントや経営者支配は好まず、無秩序と創造性抑圧の中間を取ろうとした。

ドラッカーの関心はビジネスを超え、政府や任意団体の行動にも及んでいる。35の著作のうち半分以上は経営以外に関するものである。「経営のグル」と呼ばれるのは好まなかった。記者が「いかさま師」では長すぎるために「グル」という単語を使うのを知ったからである。

まとめの一言

あくまでも結果

CHAPTER 33 市場細分化

知ってる？

市場を細分化すれば？

マスマーケットの死について語られることが多くなっています。ある意味、マスマーケットはずっと死に向かっていたのです。その心電図ともいえるマスメディアは、1970年代から視聴者や読者を失いつつあります。少なくともマスマーケットを作り出したアメリカではそうです。また、ニューメディアの台頭が衰退をさらに加速させています。マスマーケティングの対極にある細分化された市場では、消費者一人ひとりに焦点を当てています。

timeline

1450
イノベーション（技術革新）

1886
ブランド戦略

マスマーケットは鉄道や電信の発達とともに、アメリカのデュポンやゼネラルエレクトリック（GE）といった企業によって形成され、1880年代から1920年代にかけて急成長しました。一方、マスマーケティングは、1920年のラジオの登場によって本格的に始まりました。第二次世界大戦の少し前にはテレビが現れ、1960年代までにはABC、CBS、NBCで同じコマーシャルを流すことによって、広く宣伝ができるようになりました。

初期のマスマーケティングは単純で横並びでした。誰に対しても同じメッセージを発し、同じ商品を売ったのです。しかし市場細分化では、一人ひとり異なるニーズや願望を持っていると考えられています。GMのアルフレッド・P・スローンは、1924年という早い段階で一人ひとりの財布の中身が違うことにも気づき、誰にも買え、どんな目的にも使える大衆車を売り出したのです。GMは収入による市場細分化の草分けと言えるでしょう。

好みの違い

1956年、ラジオ・テレビ製造のRCAの調査部長であるウェンデル・スミスは、ジャーナル・オブ・マーケティング誌にまとめた論文で、市場の細分化は市場を多様な市場の集合体として考え、顧客の好みの違いや多様なウォンツに応えることである、と述べました。

スミス以降、消費者の考え方は、「隣人と同じものを持ちたい」から「人とは異なるものが欲しい」というように変わりました。1963年、ウィリアム・レーザーが、グループや個人の考え方や価値観、関心として「ライフスタイル」というコンセプトをマーケティングに持ち込みました。慎重に定義した感応度が高い顧客を見つけるために、市場を消費者市場と産業市場に分け、それから消費者市場を4つのプリズムをとおして分類するのです。人口統計（年齢、性別、家族の大きさ、教育、収入、職業、宗教)、地理(地域、国、都会か田舎か、気候)、心理的(ライフスタイル、価値観、主張や考え方)、行動(どんな益を求めているか、ブランド志向、誰が購買を決定をするか)といった分類から比較し、戦略を決め、時間と努力を費やすべきかを検討します。差別化できるか、利益は見込めるか、到達可能か、商品に対する感応度は高いかといった点から考えるとよいでしょう。過剰な細分化はコストがかかります。

市場細分化という考え方が広がったために、マスマーケットへ参入を表明する企業はあまりありません。P&Gは、50年以上アメリカでもっとも売れている洗濯洗剤を生産していますが、現在は、大衆市場向けではなく、一人ひとりがターゲットだと言っています。マクドナルドも、自らを大きな販売業者であることは認めていますが、大衆市場を相手にした販売業者だとは言っていません。

プル型マーケティング

市場の焦点を絞ることによって、標準品を多種多様化するマスカスタマイゼーションという考え方が生まれました。これがすべての企業に有効とは限りませんが、デルはパーソナル・コンピュータの分野で成功しています。カタログ販売のランズエンドは、一部の商品を顧客のサイズに応じて作っています。マイクロマーケティング(ワン・トゥ・ワン・マーケティング)では、電子メールやインターネットを使って顧客一人ひとりの好みに応えようとしています。「この商品を買った人はこんな商品も……」とウェブサイトで紹介するのは、マイクロマーケティングのひとつです。またRSSリーダーは、顧客が知りたい情報だけを集めるプル型のマーケティングと言えるでしょう。ニッチ向け商品も、インターネットの場でユーザーと良い関係を築くことができれば、マスブランドに対抗できます。

ペイドサーチ(検索キーワード広告)も自己選択型マーケティングのひとつで、オンライン広告として急成長しています。サーチエンジンで検索をすると、スポンサーのウェブサイトへのリンクが現れる仕組みです。もっとも入札額が高い企業が検索結果画面のトップに表示され、それがクリックされるたびに検索エンジンに金が払われる仕

賢人の言葉

ライフスタイルは社会やその一部の特徴を示すものだ。
——ウィリアム・レザー(1963年)

組み(クリック課金)になっています。2007年、グーグルはイギリスで最大の広告収入を得ると予想されました。広告業界でよく言われる話に、広告宣伝費の50%を無駄に使ったのはわかっているがどの50%かがわからない、というのがあります。インターネット広告であれば、広告費が効果的に使われたかどうかだけでなく、顧客がデータベースにアクセスしたこともわかるのです。

賢人の言葉

一人ひとりを対象とした市場で最も重要な特徴は、顧客同士が商品について真実を語っていることである。こうした会話はマーケティングよりも興味深い。
——アドリアナ・クローニン=ルーカス
(ブログ運用者 2003年)

創造する50年代

市場細分化は、マーケティングが、勘や経験で行うものから、確立された手法に進化した画期的な出来事だった。また、1950年代のテレビ広告の発展もそうである。それまで市場というのは単に商品をできるだけ多くを売る場だった。しかし1950年、ニール・ボーデンが「マーケティングミックス」という概念を提唱し、マーケティングの成功には、商品企画、価格、ブランディング、流通の4要素が必要だと論じた。マーケティングの4つのP(120ページ参照)の先駆けである。また、「商品ライフサイクル」や「ブランドイメージ」(36ページ参照)という考え方も生まれた。GEの社長であるジョン・マッキターリックは、1957年、「マーケティング・マネジメント・コンセプトとはなにか」という講演で、マーケティング・コンセプトを紹介した。彼の答えは、顧客主体の統合的な利益を追求するためのビジネス哲学だ、というものだった。エイブ・シューマンは、1959年、セールス、マーケティング、顧客サービス、関係業務などが、費用効率よく企業が目標を達成する助けとなっているかを精査する系統だった手法として「マーケティング監査」という言葉を作り出した。1960年代、セオドア・レヴィットが近視眼的マーケティングを批判した頃には、マーケティング理論はすでに確立していたのである。

まとめの一言

より広く市場をとらえることができる

CHAPTER 34 企業の合併・買収

知ってる？

M&Aとは？

敵対的買収が仕掛けられると、大きな騒ぎが起こります。
社長室には、まるで軍の司令部のごとく参謀が駆けつけ、
戦略をあわてて変更します。企業のリーダーがまるで将軍のように
戦略を立て、攻撃をし、相手を降伏させ、戦利品を得るのです。
しかし、敵対的買収は最近あまり行われなくなりました。
そのかわり、やや穏健で、きわめて正当な戦略的選択
として企業合併が行われています。

企業の合併と買収（M＆A）には大きな注目が集まります。M&Aは、基本的には、ひとつの会社が別の会社の資産も負債もすべて手に入れることです。真の合併は、それぞれの株式を新会社に統合する対等なものですが、そういうことはめったに起こりません。1998年自動車製造のタイムラーベンツとクライスラーは対等合併をし、新会社ダイムラー・クライスラーを設立しました。しかし、アメリカの批評家は、これはドイツ側の経営陣が支配する実質上の買収だと言いました*。

＊その後、クライスラー部門は売却されました（訳注）

ダイムラー・クライスラーは例外として、合併の大半は買収（吸収）とほぼ同じで、すぐにではなくてもどちらかの企業のアイデンティティは消えていきます。合併という言葉を使うのは吸収された企業の体面を保つためです。どんな形であろうと、合併の動機は1足す1を3にすることです。それはシナジーとも付加価値とも呼ばれ、両者の力を合算した以上の効果が期待されます。ところが、実際にはそれに及ばないことが多いのです。

水平合併、垂直合併、混合合併

合併には3つの形があります。水平合併は同じ産業の企業が合併して、一挙に市場シェアの拡大を目指すものです。垂直合併は縦の統合で、供給業者や流通チャネルを買収し、コストを節減します。また、アメリカで「コングロマリット」合併（混合合併）と呼ばれるものは、多角経営の形でまったく無関係の企業を買収することです。

買収側企業が望むシナジーはさまざまな形で現れます。たとえば重複業務を整理すればコストが削減できます。一方の企業の本社を閉鎖するだけでもかなりの削減になります。人事部の統合も起こります。経理、財務、マーケティング、研究開発などもそうなるでしょう。残念なのは、コストの削減が従業員の解雇によって実現されることです。

水平統合では、合併した企業の組織構造が似ていることが多いため、重複を取り除くのはより簡単です。そして、部品であれ、なにであれ、大量に仕入れれば安くなるので、規模の経済の達成も容易です。また、狙いの企業が損失を出していれば、買収側はそれを減税などに利用できるでしょう。

新技術を獲得する、新商品や市場に参入する、CEOが欲しいなどの特定の目的をもつ合併もあります。逆買収と呼ばれるものは、証券市場への上場を望む未公開企業が、新規株式公開の手続きや費用の発生を避けるために上場企業を買収し、不要な事業を処分してそこにおさまってしまうことです。大手広告グループ WPPは、現会長マーティン・ソレルが買い物用手押し車製造のワイヤ&プラスチック・プロダクツを逆買収した企業です。

合併の半分以上は失敗に終わります。期待された価値が付加されなかった、または最初から戦略が間違っていたということもあるでしょう。買収した事業を既存のものにうまく統合できないのもよくあることです。経営統合の専門家は、買収の成立は終わりではなく始まりだ、とよく言います。

共通するのは、異なる企業文化をひとつにまとめられないことです。買収された企業の従業員は不安を抱き、新企業の経営陣を信用していません。彼らを安心させ、尊重し、新企業の一部であることを感じてもらうのは大切です。新企業のロゴといったことよりも前に対処すべきでしょう。また、従来の企業でうまくいかなかった慣習やプロセスを新企業に引き継ごうとするといった落とし穴もあります。おそらくもっとも重要なのは、買収側企業が新企業誕生に合わせてビジョンと計画をもち、従業員一人ひとりに理解してもらうことです。統合がうまくいかなければ、もっとも望ましい従業員、顧客、供給業者、投資家を失うことになりかねません。

高すぎる買収費用

そもそも買収費用が高すぎて、最初から失敗が予想されることもあります。買収が競り合いになり、CEOが企業規模にばかり気を取られて冷静な判断ができなくなってしまうと、そういうことがよく起

賢人の言葉

いまこそ、合併に賛成した者も、反対した者も、全員が会社の利益のために一丸となるべきです。

――カーリー・フィオリーナ（ヒューレット・パッカードの元社長。コンパックとの合併に際して　1999年）

賢人の言葉

巨大合併は誇大妄想だ。
——デビッド・オグルヴィー
（広告会社重役）

こります。買収ブームが起こると、価格が高くなる傾向にあるからです。1897年から1904年頃、アメリカで起こった買収ブームは、株式市場の暴落と反トラスト法によって終結しました。その後も、アメリカとイギリスに企業のＭ＆Ａの波が訪れ、1980年代は企業の乗っ取りや、巨大合併、外国資本による買収、1990年代には企業規模よりも戦略的再構築のための合併が盛んに行われました。しかし、それも2000年のハイテクバブル終焉とともに終わりました。

Ｍ＆Ａは株価が上昇すると加速されます。資金の余剰や融資調達コストの低下によって、株ではなく現金での支払いが可能になるからです。また、低金利によって新たな買収の形態であるプライベート・エクイティ・ファンドも生まれました。企業をより安く買い、不要な部門を切り売りして収益を上げるのが戦略です。

より強い力

合併の失敗はたいがい統合の過程で起こるが、そこにさえ到達できないこともある。2000年、ゼネラルエレクトリック（GE）はハネウェルの航空宇宙事業に関心を持ち、産業システムや合成樹脂事業もうまく取り入れられると考え、41億ドルで買収する提案をした。その成功のために、CEOのジャック・ウェルチが引退を延期したほどである。すでに世界最大規模であったGEの企業規模は3割以上拡大する見込みだった。アメリカ司法省は国防上、GEが軍事用ヘリコプター事業を売却するのを条件に両社の合併を認めた。しかし、ヨーロッパ側は独占禁止法にもとづいてこの決定に異を唱えたため、世界最大の合併は阻止された。ハネウェルはすでに中核事業の主導権をGEに譲渡していた。「この年齢になってこんなに驚くことがあるとは」と、ウェルチは落胆したという。

まとめの一言

他企業を買うこと

CHAPTER 35 組織の卓越性

すぐれた企業とは？

ビジネス・スクールで考え出される経営論の多くは
机上の空論で終わります。企業の構築や経営に影響を
及ぼすものもありますが、たいがいはまずコンサルタント会社
を通して実行されます。経営論を論じた書として
トップ経営陣の心をつかむものはそれほど多くありません。
しかし、マッキンゼーのトム・ピーターズと
ロバート・ウォーターマンが著した『エクセレント・カンパニー』
（大前研一訳、英治出版など）はひとつの
産業を築き上げました。

timeline

1450
イノベーション（技術革新）

1911
アントレプレナーシップ
（起業家精神）

1938
リーダーシップ

ひとつではなく、2つの産業とも言えるかもしれません。ビジネス書の大衆市場とトム・ピーターズ市場です。同書は道を見失ったビジネス国家アメリカに希望の光を灯しました。数年前にはほぼ独占していた市場で、予想外の相手との競争に敗れたアメリカ企業の経営者たちは、砂漠で這いずり回って水を求めるがごとく、ピーターズとウォーターマンの著作を求めました。アメリカにはすぐれた企業が存在すること、経営者が顧客に注力し、従業員の力を認め、情熱をもって取り組めば、すぐれた企業を築くことができることを同書は伝えたのです。

企業経営を見直すためのもっとも信頼できるものとして、同書は何百万部もの売り上げを達成しました。いまでもベストセラーとして売れ続け、トム・ピーターズは、本、ビデオ、テレビ出演などで大きな富とキャリアを築きました。

1982年に出版された『エクセレント・カンパニー』は単純な方法論にもとづいたもので、それがまた魅力のひとつでもあります。著者らは、過去20年間に作り上げられた資産と株価成長率、時価・簿価比率、資本収益率、売上利益率といった長期的な成長を基準に多くの企業を評価しています。また、産業内での順位や革新性についても検討しています。ふるいをかけて残ったのは43社。そのうちの14社が超優良企業として紹介されているのです。ボーイング、キャタピラー、ダナ、デルタ航空、DEC、エマソン エレクトリック、フロロ、ヒューレット・パッカード、IBM、ジョンソン&ジョンソン、マクドナルド、P&G、スリーエムです。

超優良企業の特徴

著者らは、経営陣はプロ意識のせいで、ときに融通が利かなくなることがある、と言います。訓練を受けたプロの管理者はすべてを管理でき、現場から離れたところですべての決定が可能だと考えてしまうのです。これはアメリカを迷路に追い込んだ危険な考え方だ、と彼らは論じました。「こうした考え方では顧客を大切にすることを学べないし、従業員にわずかな決定権を与えることによって、彼らがどれだけ見事な働きをするかを知ることができない」

また、監視による品質管理、商品担当者の育成失敗、顧客サービスの欠如などを批判しています。ハーバード大学ビジネス・スクール教授のアンソニー・エイソスが言うように、合理性だけでは、マネジャーが部下のやる気を促すことも、利益を上げることもできないのです。ピーターズとウォーターマンは、多くの企業が従業員を否定的にとらえていることも指摘しました。人は自分に自信を持ちたいものです。自分が並よりすぐれていると考える人は、半分よりもずっと多いのです。しかし、企業はあまりに多くを求め、革新の必要性を呼びかけながらも小さな失敗を責めたて、挑戦する気持ちを抑えつけています。

超優良企業は違います。著者らは、超優良として選ばれた企業の特徴を次の8つにまとめています。

1　行動の重視　どんどんやる

意思決定の際には分析も行うが、そのせいで動きがとれなくなることはない。「とにかくやる。だめなら直す。やってみる」というのが、多くの企業では標準になっている。

2　顧客に密着する

顧客に最上の品質とサービスと信頼を提供する一方で、顧客から学ぶ。最良の商品は顧客の意見に熱心に耳を傾けることによって生まれる。

3　自主性と起業家精神

多数のリーダーと、創意ある社員、優秀な社員を育てている。リスクを恐れず、挑戦することを奨励する。

賢人の言葉

サービス、質、信頼性は
ロイヤルティと長期にわたる収入の成長が目的だ。
――トム・ピーターズと
ロバート・ウォーターマン（1982年）

賢人の言葉

アメリカにとって朗報がある。すぐれた経営事例は日本以外の国にもあるのだ。
――トム・ピーターズとロバート・ウォーターマン（1982年）

4　人を通じた生産性の向上

社員一人ひとりを、品質及び生産性向上の源泉として扱う。個人を尊重する。

5　価値観にもとづく実践

IBMのトーマス・ワトソンとヒューレット・パッカードのウィリアム・ヒューレットは伝説的な「歩き回る経営者」である。マクドナルドのレイ・クロックは、店舗を定期的に訪れ、品質、サービス、清潔さ、価値について評価した。

6　基軸事業から離れない

ジョンソン＆ジョンソンの元会長ロバート・ジョンソンはかつて言った。「経営の仕方がわからない企業は買収するべきではない」またP&Gの元CEOであるエドワード・ハーネスはこう言った。「我が社は基軸を見失ったことはない。多角経営は決してしない」

7　シンプルな組織と選び抜いた従業員

超優良企業はマトリックス型組織（従業員がプロジェクトマネジャーと組織上のマネジャーの両方に報告義務があるような組織）を持たない。組織もシステムもシンプルで、少数精鋭の社員を擁する。

8　緩やかであると同時に厳しさがある

集中管理型である一方で、権限の分散も行われている。店舗や商品開発部など現場の自主性は重んじられるが、企業の基本的な価値観については中央で管理している。

残念ながら、こうした卓越性はいつまでも続きません。5年もたたないうちに、超優良とされた企業のうちの3分の2は問題に直面し、一社は撤退しました。それでも、ピーターズとウォーターマンが世代を超えたビジネスマンたちに、卓越した企業を作るのが可能であること思い起こさせたのは確かで、そのアドバイスはいまでも適切なものです。ふたりはその後、共著を出すことはしませんでしたが、ピーターズは著作家として大いに成功し、3冊目の『経営革命』(平野勇夫訳、阪急コミュニケーションズ)の冒頭では、超優良企業はもはや存在しない、と言っています。

7つのS

組織というのは複雑で、もし変革を望むなら、適切なものに注力できるよう枠組みを考えるといいだろう。『エクセレント・カンパニー』を著すにあたって、ピーターズとウォーターマンはそうした枠組みを考え、それぞれ依存する要素を7つのSと呼んだ。

structure(構造)
strategy(戦略)
systems(システム)
staff(従業員)
style(スタイル)
skills(スキル)
shared values(共有すべき価値観)

最初の3つは組織のハードの部分で、残りの4つはソフトの部分である。

リチャード・パスカルとアンソニー・エイソスはこの考え方をもとに、『ジャパニーズ・マネジメント』(138ページ参照)を著した。そして、アメリカの企業経営者はハードに注力しすぎるきらいがあり、日本企業と違って、ソフト面は弱いと論じた。

ピーターズとウォーターマンは、7つのSによって「ソフトがハードである」ことがわかるという。「それらは、厄介で、非効率的で、直感的なものとして、長い間、見落とされてきたものである。しかしながら、無視するのが愚かなだけでなく、考えなければいけないものだ」

7つのSの相互関係

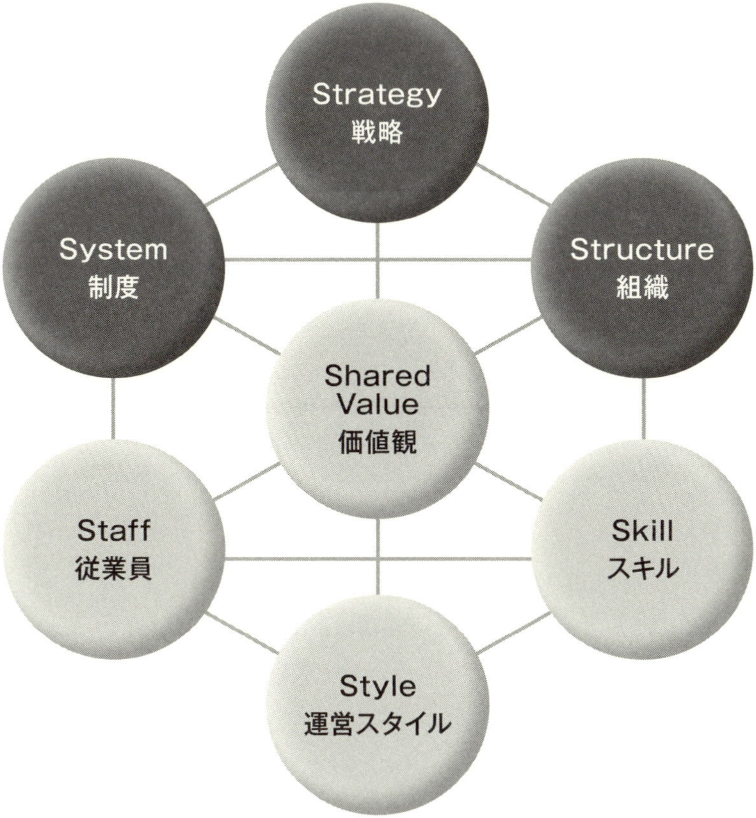

まとめの一言

超優良企業には8つの要因がある

CHAPTER 36 アウトソーシング

この業務は自分たちでやるべきなのだろうか?

2003年、P&GはIT機能をヒューレット・パッカードに、人事業務をIBMに、設備管理をジョーンズ・ラング・ラサールに委託して世間を驚かせました。専門家に委託することで、効率化とサービスが向上すると考えたのです。その結果、予想以上の効果が見られ、それ以後、企業の経営陣がアウトソーシングを考える例となりました。

timeline

1950
サプライチェーン管理

1960
戦略的提携

賢人の言葉

アメリカの製造業の数は減少している。しかし、それはアウトソーシングではなく、技術革新の結果だ。
——ウォルター・ウィリアムズ（2005年）

しかし、すべてのアウトソーシングがうまくいくとは限りません。実現は難しく、失敗に終わる確率は40％から70％とも言われています。デル、リーマン・ブラザーズ（ヘルプデスクを社内で再開）、JPモルガン（社内のIT機能を復活）といった大企業での失敗例を見ると、アウトソーシングの将来を疑問視せざるをえません。イギリスの省庁も、第三機関にITプロジェクトを委託して悲惨な結果に終わりました。しかし、アウトソーシングは、種類も、量も増え続けているのです。

アウトソーシングは、実現は難しいかもしれませんが、考え方としては単純で、特定の機能を第三者に委託することです。業者を呼び、受付の植物の水遣りを金を払って委託するのもアウトソーシングです。製造業が始まって以来、アウトソーシングという考え方は存在しました。部品の一部を下請けに契約で作らせるのも、厳密に言えばアウトソーシングです。しかし、アウトソーシングと呼ばれるのはそういうことではありません。サービスとプロセスを契約で外部に委託することです。

アウトソーシングが盛んになり始めたのは、1980年代から1990年代の初期にかけてです。マイケル・ポーターのバリューチェーンによる分析（252ページ参照）が支持者を増やし、中核事業への最初の回帰が見られる（46ページ参照）ようになりました。自分たちの中核事業はなにか、いかに価値を付加するかを経営者が考えるようになったのです。ある機能において卓越したスキルがなく、価値を付加することができなければ、どうしたらいいのでしょうか。よりうまく、より安くやってくれる人に頼めばいいのです。

食堂の経営

コンピュータ局は、コンピュータを設置する能力や時間がない企業のために業務を請け負った初期のアウトソーシング提供者と言える

1970年代 アウトソーシング
1983 グローバリゼーション
1985 バリューチェーン
1990 コアコンピタンス

でしょう。そして、現在でも、アウトソーシングが行われるのは、IT機能がもっとも多いのです。次に多いのは、ビルや施設の管理、食堂の経営などです。アウトソーシング元の企業が、こうした部門の従業員を雇い入れることや、資産価値があると判断すれば、それを買収してしまうこともあります。

企業は徐々にこの手法に自信をもつようになり、給与支払い、データ入力、保険の請求なども外部に委託するようになりました。これはビジネス・プロセス・アウトソーシング（BPO）と呼ばれます。ITアウトソーシング（ITO）はその一部で、業務は請求、注文、財務など、インドで非音声業務と呼ばれるものまで広がっています。また、あまり評判はよくありませんが、顧客関係管理や技術サポートなどを海外のコールセンターを通じて行うことも多くなっています。

これをオフショアリングと呼ぶ人もいますが、オフショアリングとは、元来、業務の一部を海外へ移管することで、委託することではありません。カルカッタのコールセンターに報酬を払って顧客への対応を任せるのは、海外へのアウトソーシングにすぎないのです。いずれにしても、政治的にも、職を失う人にとっても、これらは厄介な問題になっています。

BPOはおもに日常業務を請け負いますが、興味深いニッチ市場も存在します。ロンドンの請負業者は従業員が使う経費をインターネット経由で処理します。ナレッジ・プロセス・アウトソーシング（KPO）と呼ばれるもので、研究、分析、技術といったスキルを外部企業に委託するのです。

アウトソーシングにはどんな利点があるのでしょうか。経営上の危機感から、資産を売却したり、給与を削減したりするために始める企業もあるかもしれませんが、専門家はそれは理由としては好ましくないといいます。アウトソーシングは、委託先企業が規模の経済を活かしてより少ないコストで業務を行うこと、また、海外への委託であれば、より少ない人件費で行うことによって、費用を削減することです。業務を効率的に、効果的に行い、予算管理がしやすくなるというのも理由になるでしょう。

賢人の言葉

アメリカ人の大多数（71％）は、海外へのアウトソーシングを「アメリカ経済にとって良くない」と考えている。
――ゾグビー・インターナショナル・サーベイ（外交政策協会　2004年）

賢人の言葉

アウトソーシングは、内部でやるよりも外部でやるほうがうまくできるので、そうすべきだ、というだけのことである。
——アルフォンソ・ジャクソン（2003年）

質の維持と情報保全に対する不安や、費用削減が期待ほど大きくないことから、アウトソーシングの実現を正当化するには慎重に考え抜いたビジネス事例が必要です。委託先が提示する金額のさらに10％は立ち上げと管理のために必要とされ、海外へ移管する場合は、出張費や文化の違いの調整などで65％増しになると考えられます。さらに、委託先の選択が正しかったかどうかを調べるためのベンチマーキングや、分析、解雇などにも費用がかかります。「絶望の谷」と呼ばれる移行期間は、数ヶ月から2、3年続き、生産性が落ち込むことがあります。

市場の極化

アウトソーシングの委託先は、国内外でさまざまなサービスを行う少数の大企業と、サービスを特化した多数の小さな企業です。やがて、企業が好みのサービスを選ぶことができる、より使い勝手のよい市場に進化することでしょう。

インドは、特にソフトウェアの分野で、オフショア市場を支配しています。また、アイルランド、フィリピン、ロシア、ポーランド、チェコなどの企業もよく使われています。当然、逆の流れもあり、アメリカの田舎で小さな企業も誕生しています。

しかし、企業戦略は決してアウトソーシングしてはいけません。それ以外はすべてアウトソーシングが可能でしょう。アウトソーシングの最大の効用は「これを本当にやるべきなのか」と、すべてについて経営陣が考えるようになることかもしれません。

まとめの一言

アウトソーシングできるものはする

CHAPTER 37 プロジェクトマネジメント

知ってる？

プロジェクトを成功させるためには？

今日、経営陣には、法律家や会計士、
ビジネス・スクール出身者が増え、技術者が占める
割合が減っています。先進国においては、
製造業の重要性が縮小するにつれて、技術畑出身の
マネジャーがいなくなっているのです。しかし、
複雑なプロジェクトの実施計画を立て、完遂させるための
プロジェクトマネジメントから、マネジャーが
学べること、学ぶべきことはたくさんあります。

timeline

1911
科学的経営

賢人の言葉

一方的なコミュニケーションは効果がない。予定通りに動いてほしければ、双方向の対話が必要。計画とは対話である。
――ハル・マコーマー（２００２年）

プロジェクトはプロセスとは異なります。プロセスは商品やサービスを作り出すために、同じ機能を何度も何度も繰り返すことです。プロジェクトは始まりと終わりが明確な単発のもので、有用な変更や、価値の付加が目的です。おもな例として、新工場設立や新商品の開発があります。プロジェクトを成功に導くために必要なスキルは、プロセス管理とは異なるため、ひとつの手法として進化しました。

プロジェクトでは、人、資金、原材料といった経営資源を、成功を確実なものにするために組織化し、管理します。難しいのは、決められた期間内に、決められた予算内でプロジェクトを完成させることです。プロジェクトマネジャーがその難事業を達成するのを支援するためのさまざまなツールも作り出されています。もっともよく使われるのは、アメリカの化学・防衛産業で開発されたものです。

プロジェクトマネジメントの父と呼ばれるヘンリー・ガントは、科学的経営（204ページ参照）の提唱者フレデリック・テイラーの同僚で、ガントチャートを考案したことで知られています。ガントチャートは、作業計画を示した横型棒グラフで、工程が予定通りに進んでいるかどうかがひと目でわかるため、今日でも使われています。また、1950年代になって、プロジェクトマネジメントのもっとも有名な2つのツールであるクリティカルパス法（CPM）と遂行評価レビュー技法（PERT）が登場しました。

クリティカルパス法

CPMは、デュポンとレミントンランドの研究者が、工場を修繕のために閉鎖し、再開するという複雑な業務を管理するために考案したものです。まずプロジェクトを図形化し、それぞれの作業を終了するために必要な時間を書き入れます。そうすることによってプロジェクトを日程通りに進めるために、どの作業がもっともクリティカル

(重要)かがわかるのです。手順は次の通りです。

1. 実施事項を決める。
2. 実施すべき順序を考える。他の作業が終了しなければ始められないものもある。
3. それぞれの実施事項と他との関連性を示しながらフローチャートを描く。
4. 実施事項をそれぞれ終えるために必要な時間を算出する。
5. クリティカルパスを特定する。クリティカルパスとは最長経路のことで、フローチャートのなかで一番時間がかかる部分である。クリティカルパス上の作業が遅れれば、プロジェクト全体の完成が遅れる。

クリティカルパス上にない作業は、ある程度までは予定より長引いても、プロジェクト全体の完成を遅らせることはありません。こうした余裕は「フロート」あるいは「スラック」と呼ばれます。クリティカルパス上の作業には、余裕はまったくありません。クリティカルパスが複数存在する場合があります。実際、完璧にバランスのとれたプロジェクトは、すべてがクリティカルパスだというプロジェクトマネジャーもいるほどです。プロジェクトマネジャーは、クリティカルパスを示したフローチャートによって、プロジェクトの完成にはどのくらいの期間が必要か、どの作業が重要かを明確にするのです。次ページのフローチャートでは、タスク1、3、5と続く作業がクリティカルパスで、タスク2、4、5と続く作業には3日間のスラックが存在します。

クリティカルパスを特定したら、プロジェクトマネジャーは、それぞれの作業に必要な費用と、作業を加速化するために必要な費用を書き入れて、加速化するべきかどうかを決め、加速化するのであれば、そのための最適な計画を作ります。CPMは大変すぐれたものですが、限界もあります。しかし、重要なプロジェクトを完遂させるという価値がはっきりしたものについては非常に効果的なモデルです。CPMの変更は、結果を変えることになります。つまり、完成日がほぼ決まっている複雑なプロジェクトの完遂にもっとも適しているのです。ひとつのミスがプロジェクト全体を危うくします。完成日が

賢人の言葉

2年計画のプロジェクトは完成までに3年かかる。3年計画のプロジェクトは決して完成しない。
——作者不明

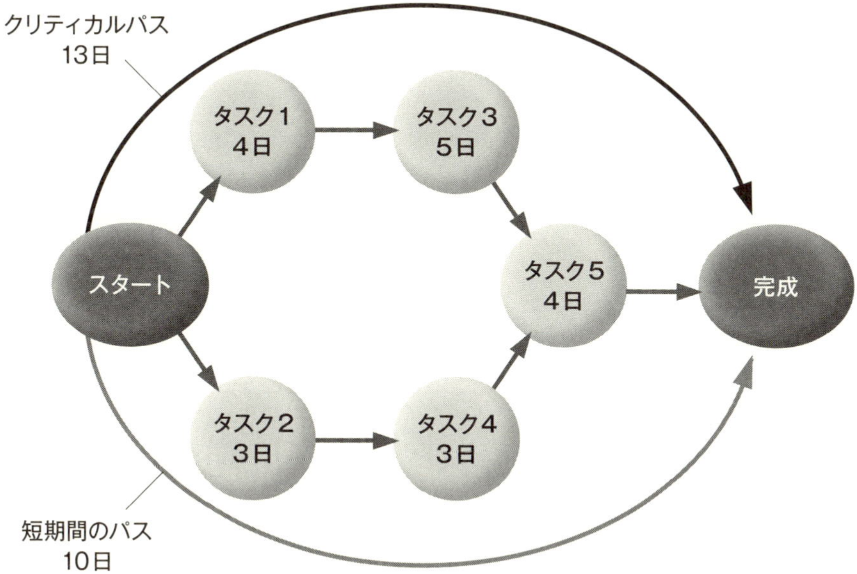

わからないようなプロジェクトには、遂行評価レビュー技法（PERT）のほうが向いているでしょう。

遂行評価レビュー技法（PERT）

PERTはアメリカの防衛産業の産物で、1950年代半ばに、コンサルタント会社ブーズ・アレン・ハミルトンのコンサルタントがポラリス原子力潜水艦プロジェクトの一部として開発したものです。CPMとの共通点もあり、クリティカルパスという考え方を取り入れていますが、それぞれの作業にかかる時間が不確実であっても使用することができます。

PERTは、矢印とマイルストーン（あるいはイベント）と呼ばれる中心点で示されたPERTネットワーク図を用います。マイルストーンは作業の完了を示すもので、10の倍数の番号がつけられ、作業を追加することができるようになっています。CPMとほぼ同じ要領で作成しますが、大きな違いは次の3つの日付を設定できることです。

楽観的時間（O）――作業完了に必要な最少時間。すべてが予想よりうまく進行する場合。

悲観的時間（P）――作業完了に必要な最大時間。予想よりうまくいかなかった場合。

最確時間（M）――作業完了までの時間としてもっとも可能性が高いもの。

これらにもとづき、プロジェクトマネジャーは完成までの予想日数を算出します。これは長期間にわたって、その作業を何度も繰り返し実施したときの平均時間になります。

期待時間（TE）＝（O＋4M＋P）÷6

また、それぞれの作業にかかる時間を書き入れ、最長経路であるクリティカルパスを特定します。プロジェクトを予定通りに完成させるために、クリティカルパス上の作業は期間内で終わらせなければなりません。

プロジェクトマネジメントを成功させるツールとして、クリティカルパスの重要性はますます高まっています。ソフトウェア業界では特にそうです。かつては紙と鉛筆を使って計算していましたが、いまはソフトウェアが算出してくれます。

PERT

連鎖するマイルストーンはリンクしていて（矢印で示される）、先行するマイルストーンが完了しない限り、作業を始めることはできない

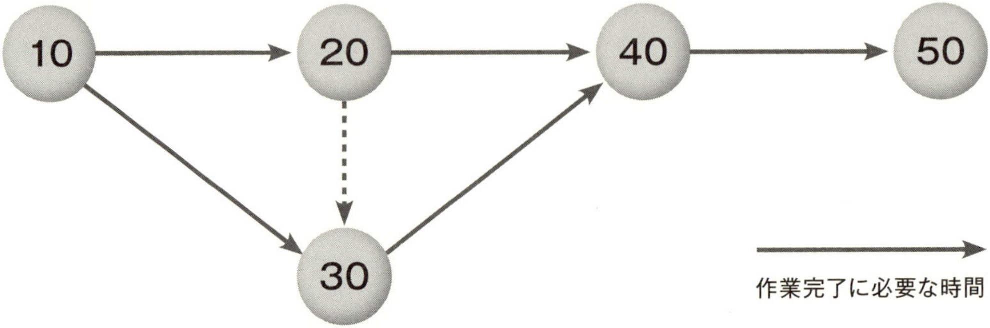

黄金の三角

プロジェクトは常に制約がある。次の3つはプロジェクトマネジメントのトライアングルと呼ばれるもので、ひとつを変えれば、他の2つに影響を及ぼす。この3つをうまく操るのは大変難しい。よいもの、速いもの、安いものからのうち2つを選べ、という古い格言もある。

時間――――コントロールが難しい
予算――――時間が大切なときは、経費も増える
スコープ――プロジェクトが達成すべきもの

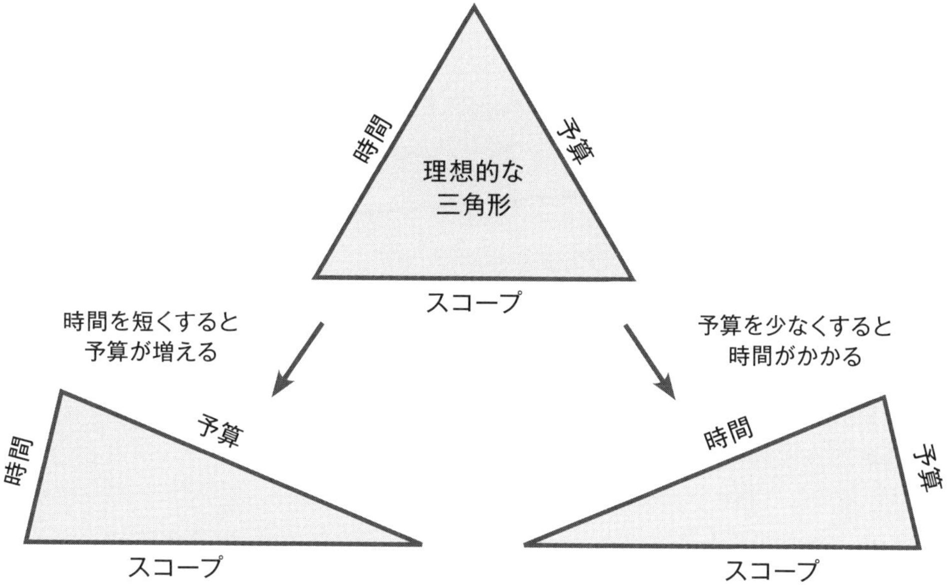

まとめの一言

完成まで、すべてを管理する

CHAPTER 38 科学的経営

知ってる?

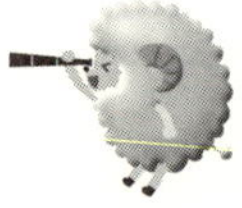

熟練技術者テイラーが生み出した理論とは?

企業経営は技法でしょうか、科学でしょうか。
この論争は新しいものではなく、決着もついていません。
近年、技法だと唱える人々が発言力を取り戻しつつあります。
経営を初めて科学としてとらえたのは、19世紀の
技術者、フレデリック・ウィンズロー・テイラーでした。
ピーター・ドラッカーは、テイラーを近代世界を作り上げた
ダーウィンやフロイトと並ぶ存在だと称しています。

timeline

1911
科学的経営

テイラーは商品の生産は人間の判断を超えた普遍的法則にもとづくものであり、石炭掘り、ネジ締め、確実な品質管理といったことに最良のやり方を発見するのが科学的経営手法の役割だと考えました。

テイラーの名は、いまではビジネス・スクール以外では忘れ去られています。思い出されるときは悪い理由からです。仕事を細分化し、評価し、効率化のために再構築したのは彼が最初です。彼は無駄を徹底的に排除し時間動作研究を考え出しました。つまり世界最初の効率化の専門家で、工場労働をつらいものにした人物として劇画化されることもあるのです。労働組合やマルクス経済学者には、「テイラーイズム」は、搾取や労働者をロボットのように扱う言葉として忌み嫌われています。しかしテイラー自身は、彼の手法が労働者にとっても益をもたらすと信じていたのです。*

＊実は喫煙のための休憩や意見箱というのを作ったのも彼なのです（訳注）

現代の経営理論の多くが、実際に現場の仕事をしたことがない人々、企業マネジャーではなく学者やコンサルタントによって作られています。しかしテイラーは工場の現場でこの理論を形成しました。ペンシルベニアの裕福な家に生まれたテイラーは、目が悪かったために大学へ行くのをあきらめ、地元の鉄鋼工場で見習い工として働き始めました。夜は機械工学を勉強し、やがて技術主任に昇進しました。それまでに、いくつかの道具を発明し、多くのプロセスを修正してより効率化し、論文を発表して金属切削を科学にまで高めました。

多種多様

やがて彼は労働者自身に注目するようになりました。彼が及ぼした影響を理解するために、当時の製造業の事情を説明しましょう。当時はテイラーのような熟練技術者が仕事をしながら、弟子を育てていました。技術や労働形式は人により異なり、モノは何千もの小さな店で作られ、生産は非常に非効率的でした。労働者は親方が管理し経営者は彼らとはほとんど接触しませんでした。現場と経営陣の関係は冷たく、ときに敵対的でした。

テイラーはこれを見て、現場と経営手法に科学的手法を持ち込み、生産効率を高めることにしました。彼が現場で見たのは、労働者たちが意図的に能力以下の仕事しかしていないことでした。一般的に「怠業」と呼ばれるものです。テイラーは怠業と生産性の低さにはさまざまな原因があると推測しました。労働者たちは働きすぎると、必要とされる人数が減り職を失う人が出ると考えていました。また、どれだけ仕事をしようが給金は同じです。働かなくてもいいのに働く人はいないでしょう。さらに労働者は経験によって仕事を覚えていたので、多くの努力が無駄に終わっていました。

テイラーはそれぞれの業務に対して最適の成果を出すための実験に着手しました。作業を最小単位に細分化して、「このネジは16.4秒で締めろ」といったように、それぞれがもっとも生産性を上げられる時間を秒単位で設定したのです。こうした実験を時間研究と呼びました。また、給与は成果にもとづくべきとも考えました。

シャベリング

テイラーはシャベルに注目したことでも知られています。労働者が疲れることなく働き続けられるシャベルの重さは21.5ポンドだと算出したのです。おかげで従業員の生産性は4倍にも増え、賃金も増えました。テイラーは成果に応じた賃金を払うべきだと考えていたからです。しかし、労働者の数が500から140に減ったため、労働者は不信感を募らせたでしょう。

科学的手法は労働者だけでなく、経営者にも使えます。「過去はまず人間優先だったが、将来はシステム優先になるだろう」と、彼は述べています。科学的経営の目的は以下の4つです。

- 経験則で行う業務を科学的手法に変える。
- 従業員を選び、自己流ではなく科学的に仕事の訓練をし開発する。
- 労働者と経営陣のあいだに協力関係を築き、労働者が科学的手法に従うようにする。

賢人の言葉

この論文は、きちんと決められた規則、ルール、原則に従った科学的経営こそがもっともすぐれていることを証明するために書かれた。

――フレデリック・ウィンズロー・テイラー（1911年）

・経営陣と労働者の仕事を均等に分け、経営陣は労働を科学的に設計し、労働者はそれを実践する。

テイラーの作った組織の原則は、権限の説明、設計と業務の区別、報奨制度、業務の専門化などを含み、その後の組織論の先駆けとなりました。

多くの工場がこの考えを採用し生産性を改善しました。テイラーは仕事のやり方を変えてしまいましたが、それにもとづく科学的経営の重要な要素の人事管理、品質管理などは、今日でも使われています。

賢人の言葉

経営の主目的は経営者のための最大利益と、労働者のための最大利益を確保することである。
――フレデリック・ウィンズロー・テイラー（1911年）

ヘンリー・フォードと組み立てライン

テイラーイズムの影響をもっとも強く受けたのがフォーディズムである。1908年、ヘンリー・フォードが作ったT型フォードは大衆車としてはあまりにも高すぎた。そこでフォードは次の5年間でコスト削減のための4つの原則、流れ作業、業務の細分化、交換可能な部品、労力の無駄の排除を導入する。
また、食肉加工会社や製粉用コンベアーベルトをもとに、労働者を動く作業ラインのそばに置き、移動の時間を省くことにした。そして、フレデリック・テイラーの業務配分の考え方を用いて、組み立て作業を84のステップに分けた。さらにテイラーの時間研究を取り入れ、労働者の作業時間と動きを確立した。流れ作業による組み立てラインは1913年に始動し、1台当たりの生産時間は728分から93分に短縮された。T型フォードは、1927年の生産終了時までに1500万台を売り上げ、価格は280ドルまでになった。

まとめの一言

最良の方法を見つけ出して実行すること

CHAPTER 39 シックスシグマ

知ってる？

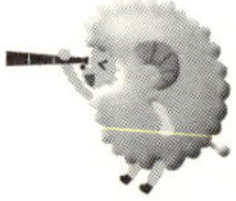

シックスシグマとはなにか？

武侠とギリシア文字を取り込んだ
アメリカのエレクトロニクス製造企業の
品質管理手法であるシックスシグマは、多くの
信奉者を生み出しました。欠陥品を減らし、
サイクルタイムを短縮するために効果をあげてきた
この手法を、提唱者は統合管理システムへと
発展させようとしています。

timeline

1940年代
リーン生産方式

1986
シックスシグマ

シックスシグマは、1980 年代、電子通信のモトローラで開発されました。外国（つまり日本）企業との熾烈な競争への対応の一環です。当時、同社の売り上げは落ち込み、販売担当者からは保証クレームに対する不満が膨れ上がっていました。この状況に、販売部の重役はCEOの目を見て言ったそうです。「うちの品質は最低だ」このとき2人は、10 年以内に品質をいまの10 倍向上させよう、と決意しました。

その役目を任ぜられたのは、同社の通信部門の技術者であり科学者でもあるビル・スミスでした。彼は、日本企業のものを中心に既存のあらゆる手法を組み合わせ、1986 年、シックスシグマのコンセプトを提案しました。「シックスシグマは欠陥品の検出率を標準化する新しい方法である。ほぼ完璧に近い手法なのだ」と同社は言いました。この手法は進化し、欠陥品やサービス上の大きなミスを排除しながら、商品を納期通りに納めて顧客満足を達成する、という目的を持つようになりました。

シグマとはギリシア文字の「S」のことです。統計学では、平均値からのばらつきを示す標準偏差を表します。平均値を品質の指標と考えれば、標準偏差が小さいほど指標を大きく下回るものが少ないことになります。

5文字で表すプロセスと手法

シックスシグマの状態に到達するには、100万個の部品に対する欠陥品の検出率を3 .4以下に抑えなければなりません。改善のために必要なプロセスはDMAICという頭文字で示されます。これらは、プロセスにおける重要なステップを表します。

D Definition（定義づけ）

問題を特定し、何を改善すべきかを決める。

M Measurement（測定）

望ましい状態と比べて現状はどうかを考える。

A Analysis（分析）

望ましい状態との乖離の原因となっているのはなにかを特定する。

I Improvement（改善）

プロセスの改善。ブレーンストーミングによって最善の解決策を選択する。

C Control（管理）

モニタリングメカニズム、説明責任、作業ツールの確立によって、改善が長期にわたって持続するよう管理する。

シックスシグマが求める品質を実現するための新しいプロセスや製品を設計するための手法はDMADVと呼ばれます。Define(定義する)、Measure(測定する)、Analyse(分析する)、Design(設計する)、Verify(検証する)の頭文字を取ったもので、既存のプロセスがうまくいかず、変更が必要なときに用いられます。

黒帯と緑の帯

シックスシグマを指導する従業員は、研修を受け、認定されなければなりません。そのため研修指導者や認定者を育てる産業も生まれました。それに競うようにして、モトローラ社が運営するモトローラ大学でも、提唱者自らがシックスシグマ研修とコンサルティングを行っています。

現場での経験と理論的な学習の修了者に与えられる認定証は、日本的風味を残しており、緑帯(グリーンベルト)、黒帯(ブラックベル

賢人の言葉

シックスシグマとは、測定基準であり、方法論であり、経営システムである。基本的には、この3つが一体となったものだ。

——モトローラ大学

ト）と呼ばれています。グリーンベルトはプロセスを改善した歩兵で、ブラックベルトは（モトローラ大学では現在取得に1万3千ドル以上かかります）下士官です。ブラックベルト取得者で、経験を積み、企業に大きな影響をもたらした者は、師範（マスター・ブラックベルト）に昇格します。彼らはもっとも複雑な課題に取り組むことになり、グリーンベルトやブラックベルト取得者の指導を行うことになります。

賢人の言葉

シックスシグマは現存のプロセスの枠組みのなかで効果を現すものであり、プロセスを脅かすものではない。
——マイケル・ハマー（2001年）

しかし、シックスシグマに対する批判もあり、技術を重視する人たちからは悲惨な結果になりかねない、と指摘されています。一方、支持者は、不備があるとしても、それは大した問題ではない、と反論します。コストや無駄の大幅な削減、サイクルタイムや顧客満足の改善といった益があるというのです。また、手法が細部まで決まっているので、実行は、時間がかかったとしても容易です。しかも、顧客中心主義の文化や事実主体の分析手法という観点からも、製造業にとってはツール以上のものなのです。モトローラ社もそう考えています。

シックスシグマは、1990年代初期以降、金融、ハイテク、輸送といった産業で採用されるようになりました。そして、2002年、モトローラ社は、ビジネス戦略を実践するための包括的なハイパフォーマンスシステムとして、工場以外でも活用可能なシックスシグマを開発しました。新しいシックスシグマには次の4つのステップが必要です。

ステップ 1　戦略的目標、評価指標、構想などを示したバランス・スコアカード（8ページ参照）を作成し、適切な目標と狙いを設定する。企業収益の向上に大きな影響を及ぼす改善がなにかを特定する。

ステップ 2　DMAIC手法を用いて、改善のためのチームを作る。

ステップ 3　結果をすぐに出す——変革は、マラソンではなく、短距離走として考えるべき。

ステップ 4 改善持続させ、他の部署でも最良事例を共有できるようにする。

これにより、市場シェアの拡大、顧客維持、新商品やサービスの開発、業務改革、変化する顧客への対応が実現できる、とモトローラは言います。

アイデアを拡大する

最新のシックスシグマの開発については疑問の声もあります。シックスシグマの成果を誇張するあまり、その評判を傷つけ、採用されなくなってしまう不安があるからです。

1990年代、同様のことがビジネスプロセス・リエンジニアリング（BPR）（30ページ参照）にも起こりました。

BPRの提唱者のひとりであるマイケル・ハマーも、シックスシグマに対する危惧を示しています。「シックスシグマの列車は故障してしまった。この合理的で、慎重な、価値ある手法から利益を得ていた企業にとっては大きな悲劇となるだろう」

悲劇を避けるには、バランスがとれた視点でシックスシグマを見直し、この手法ですべての問題を解決するのは不可能であることを認識するべきだ、とハマーは言います。シックスシグマは、問題解決のための数多くのツールのひとつにすぎないのです。

賢人の言葉

投下資本利益率を拡大し、競争力を最大化するには、リーン生産方式とシックスシグマの両方が必要だ。
――ミッシェル・ジョージ（ジョージ・グループCEO）

リーンシックスシグマ

従来のシックスシグマは、欠陥品を減らし、品質を向上させるものであり、リーン生産方式（152ページ参照）は、速さと効率と無駄の排除に注力している。この2つの手法を組み合わせた、成長と利益改善のためのツールがリーンシックスシグマだ。

2つの手法は互いを補完する関係にある。シックスシグマは欠陥品を排除するが、そのプロセスをいかに最適化するかを考える手法ではない。リーン生産方式はそのための手法だが、プロセスの変動を最小化する統計ツールがない。リーンは生産を迅速化し、シックスシグマは改善するための手法なのである。

コストや複雑さを削減し、戦略変更を進めるために、BMWやゼロックスといった企業はリーンシックスシグマへの傾倒を示している。また、銀行、保険、小売業のほかに、政府機関でも取り入れられている。

リーンシックスシグマは、戦略を業務改善、価値の創出、顧客ロイヤルティの獲得などにも活用できる。

まとめの一言

欠陥品をゼロにすること

CHAPTER 40 ステークホルダー

企業が決して切り離せない人たちとは？

急激に注目され、多用され、刺激を与えながら進化する言葉があります。ステークホルダーもそのひとつです。ステークホルダーという言葉は、使うだけで関心があるのを示すことができるかのように、報告書のあちこちに現れ、ミッションステートメントに盛り込まれています。また、政治家にも気に入られているようです。彼らは国民全般のことを示すときにこの言葉を使っているらしく、口にすればなんの意味がなくても配慮をしているように聞こえると考えているのでしょう。しかし、元来は、企業自身が自らを見る目を変えるという、急進的な変化を求める考え方なのです。

timeline

1970
企業の社会的責任

1984
ステークホルダー

賢人の言葉

日本企業の共生という考え方は、ステークホルダーという考え方と広く一致する。
——ジェームズ・E・ポスト、リー・E・プレストン、シビル・サックス（2002年）

ステークホルダーという考え方は、R・エドワード・フリーマンが1984年の著作『戦略経営論——利害関係者論的接近方法』で提唱したものです。フリーマンは、企業は多用なステークホルダー（利害関係者）に配慮することで、戦略上より効率的な経営ができると考えました。つまり、長期的には、株主にとって利益になるということです。ステークホルダーは株主（ストックホルダー）と対比するため意図的に選んだ言葉だ、とのちに説明されています。彼は、ステークホルダーを、企業活動に影響を及ぼす、または及ぼされる個人または団体、と定義しました。競合先も広い意味でステークホルダーに含まれます。気前が良すぎるように思えるかもしれませんが、企業がコミュニティ（共同体）の中に存在し、隣人と良い関係を築くことによって実りある日々を送ることができるという事実が注目されるようになったのです。

ステークホルダーという考え方は学者たちのあいだで大きな反響を呼ぶ一方、ビジネスの世界にも影響を与えました。それに拍車をかけたのがコー円卓会議でした。ヨーロッパ、北米、日本の経済人が、国際貿易摩擦の緩和を目的に、初めてスイスで会合を開いたのです。そして、大企業は世界の平和と安定のために、社会的、経済的脅威を緩和する責任があることが認識され、1994年、企業の行動指針として円卓会議原則が発表されました。これがステークホルダーマネジメントの原則です。

ステークホルダーの原則

『企業を再定義する』プロジェクトでは、ステークホルダーマネジメントの7つの原則が紹介されています。

1 ステークホルダーの利害を認識し、観察して、意思決定や業務遂行の際にはそれに配慮する。

2 ステークホルダーそれぞれの利害、貢献、企業との関わりによって生じるリスクに耳を傾け、意見を交換する。

3 ステークホルダーそれぞれの利害や能力に配慮したプロセスや行動を採択する。

4 ステークホルダーの努力や恩恵は相互に依存するものであることを認識し、彼らのリスクや弱さを考慮して、企業活動による利益や不利益は公平に分配する。

5 公的にも私的にも、他企業と協力し、企業活動によるリスクや害を最小限に抑える。避けることができない場合は、賠償金を支払う。

6 人間の不可侵の権利（生きる権利など）を危険にさらす、あるいはステークホルダーが受け入れられないと感じるリスクをおかす活動は避ける。

7 a）ステークホルダーとしての役割と、b）ステークホルダーの利害に対する法的、道徳的責任が対立する可能性があるのを理解し、それを率直に報告書などで伝え、必要であれば第三者の評価を求める。

肉と骨

その1年後、世界中の、数百人の学者のネットワークによる5カ年計画のプロジェクトが始まりました。アルフレッド・P・スローン基金が支援する「企業を再定義する」というこのプロジェクトは、ステークホルダーマネジメント理論を構築し、企業経営、研究、商慣習に取り入れることを目標としたものです。2002年、学者のジェームズ・E・ポスト、リー・E・プレストン、シビル・サックスは、プロジェクトの最終結果を同名の著作としてまとめました。そして、カミングズ・エンジン、モトローラ、シェル（ブレント・スパーの海洋投棄の事例など）の例を紹介しながら、企業が自らの活動目的を見直すことを求め、ステークホルダーというコンセプトに肉付けをしたのです。

著者らは、企業とステークホルダーを切り離すことができないものと考え、企業はステークホルダーと呼ばれる多種多様の利害関係者によって成り立っていると言います。そして、ステークホルダーとの関係は、自己利益を越えるものだと論じているのです。ステークホルダーとの関係を築くことが、企業にとっての富であり、企業活動と目的の中核になるのです。つまり、互いの利益のためにステークホルダーと良好な関係を築くためのステークホルダーマネジメントは、企業の成功には欠かせないものなのです。

「企業は活動によって形成される」と著者らは言います。企業は、主要目的が社会的なものである中世のものとは異なってきています。投資家の私益に重きをおいたオーナーシップ（持ち合い）というモデルにも従うべきではないでしょう。企業の活動目的は富の創出ですが、企業の存在の正当性は、利害関係者の多くの期待を満たすことができるかどうかによって決まるのです。富と責任の関係は100年以上前から認識されていましたが、もし、企業が存続を望むのであれば、社会の変化に適合するべきです。大企業が自らを再定義すべき理由は2つある、と著者らは言います。ひとつは規模が大きく影響力を持つこと、もうひとつは、株主は企業の株は保有していても、実際に企業を所有しているわけではなく、また、企業の成功に貢献する唯一の関係者ではないことです。多国籍大企業は、必然的に、社会的、政治的、物質的環境に影響を与えます。その影響も、企業活

賢人の言葉

ステークホルダーは、自発的あるいは非自発的に、企業の富を作り出す能力や活動に貢献し、企業の潜在的利益を受け取り、リスクを負う個人や組織である。
——ジェームズ・E・ポスト、リー・E・プレストン、シビル・サックス（1984年）

動の産物と考えるべきなのです。ときに望ましくない、危険なものである場合もありますが、それも企業経営者の責任のもとに産出されたものです。よって、非効率的な望ましくない政府の介入によるものではなく、企業は自ら進んでそれを軽減することができるはずです。

従来のオーナーシップの考え方から脱却することは、財産権や株主価値を否定するものではありません。1946年、ピーター・ドラッカーは、企業は株主の財産の総計だと言いました。ポスト、プレストン、サックスは企業を構成する者たちのあいだには類似点や共通点があり、彼らの幸福や企業活動を行う社会の健全性に配慮しなければ企業は生き残ることができない、と言っています。

ゲームに賭ける

ステークホルダーの定義で重要なのは、彼らは企業が行うゲームの結果に賭け、企業がより良い生活を提供できるような活動を望んでいるということです。『企業のステークホルダー理論に向けて』でトーマス・コーキャンとソール・ルビンシュタインはステークホルダーと呼ばれる3つの条件を紹介しています。すなわち、企業に重要なリソースを提供する、幸福であるかどうかが企業の運命によって決まる、企業の業績に良くも悪くも影響を及ぼすということです。

さまざまな定義があるにしても、従業員、投資家、顧客、組合、供給業者、規制当局、地域社会と住民、種々の私企業、政府などがステークホルダーです。彼らと企業の間の利害は、一方通行ではありません。企業の周辺住民は自主的な利害関係者ではないかもしれなませんが、企業を受け入れることで貢献し、その結果、害や益を受けているのです。利害関係者同士がつながりを持ち、問題を訴えることもあるでしょう。それが共同体というものです。

ステークホルダーとの関係

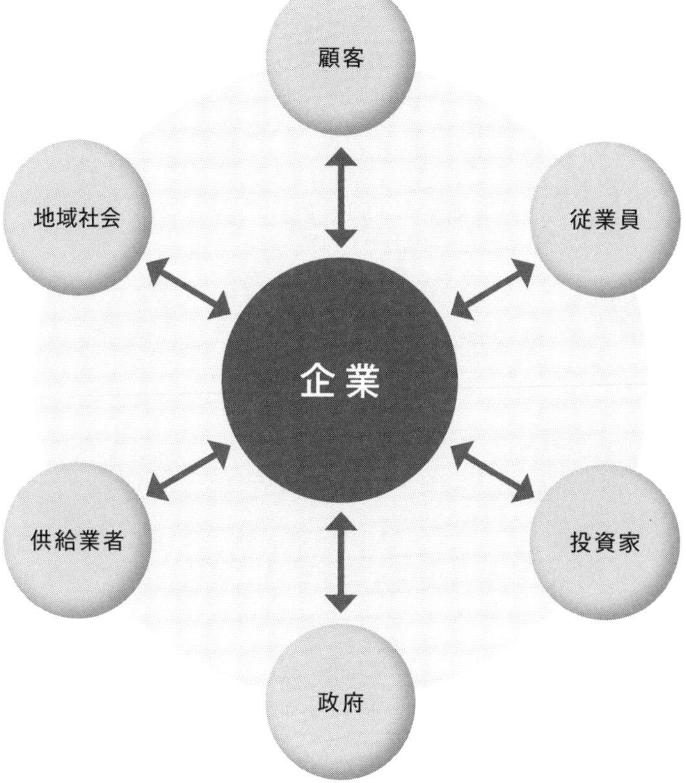

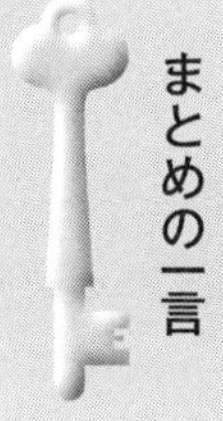

利害関係ある人すべて

CHAPTER 41 戦略的提携

戦略的提携をするのはなぜか？

「パートナーになるか滅びるか」
ゼロックスのCEOアン・マルケイヒーは、新たな戦略的提携をそう宣言しました。1960年、日本の富士写真フイルムとの提携から始まる同社のこの戦略は、大きな効果を示してきました。大げさに聞こえるかもしれませんが、今日の動きが速い市場、特にゼロックスが企業活動を行うハイテク分野では、きわめて合理的な見方です。

timeline

1450
イノベーション（技術革新）

1916
多角経営

1960
戦略的提携

経営者も株主も、企業が成長することを望んでいます。そのためには市場シェアの拡大や、新たな市場への参入をしなければなりません。その方法にもいろいろあります。一般的には、自力で成長するか、競合する企業や、参入を考えている市場の企業を買収するかです。ただし、買収には、金がかかる、リスクが大きい、統合が難しい、といった問題もあります。

金を払わずに買う

戦略的提携であれば合併ほど大きな問題を抱えずに、より速く、より少ない費用で同じような利点を得ることができます。パートナー提携とも呼ばれ、2つ以上の企業が経営資源を共同利用して共通の目的をめざすもので、顧客と供給会社といった補完的な企業間や、競合する企業同士、研究所、政府機関との間で行われます。つまり市場シェアの急拡大に必要な技術や知識を得るための手段なのです。また、ある分野への進出、新しい流通チャネルの獲得といった目的でも行われます。商品の幅を広げる、研究開発費を削減する、製品化までの時間を短縮するといった理由のときもあります。

提携は、慎重に計画して行えばリスクを減らすことができます。また、提携先の資本を利用することも可能になります。資本注入と同じような効果がある一方で、資金を借り入れたり、株式を売却したりしなくてすむため、バーチャル資金と呼ばれることもあります。近年、戦略的提携は増加の一方で、件数の上では企業の合併・吸収よりも多くなっています。それぞれの持つ顧客データを交換したり、提携先の顧客に対して販売を行ったりする簡単なマーケティング提携もあります。

商品提携では他社の商品を自社の顧客に売ることで、コストをかけずに商品の幅を拡大できます。テクノロジーやIT産業では、競争力を維持するために、複雑なノウハウの交換も広く行われています。

1970年代
アウトソーシング

1990
コアコンピタンス

2004
Web2.0

こうした提携が加速しているのは、企業買収(あるいは乗っ取り)熱が下火になったからです。一般的に、買収は成功よりも失敗することのほうが多く、買収側株主よりも買収された側の株主のほうに益があることがわかってきました。競り合いになれば評価以上に値が上がってしまう、という「勝者の呪い」と呼ばれる事態も起こりがちです。株式市場に目を向けている経営陣であれば、買収ではなく提携を選択するでしょう。

さまざまな選択

提携には、関わり合いの強さによってさまざまな形があります。まず、ライセンス契約です。提携とはいっても実際の協力関係はほとんどありません。次に出資を伴わない提携です。この場合、経営資源は共有するものの株式の交換は行いません。より多くの関わりを求められる出資を伴う提携には、2つのタイプがあります。ひとつは部分買収で一方の企業が相手方の株を取得する、あるいは少量の株を互いに持ち合うことです。もうひとつは合弁企業の設立で両社が出資をします。設立には時間がかかり管理が複雑になるので、経営陣は多くの時間を投じなければなりません。

特定の目的を達成するための提携で成功した例もあります。たとえば、アメリカの通信会社ベルサウスはオランダのKPNと提携して、ドイツの移動通信電話事業に参入しました。また、アメリカのアイスクリーム市場でユニリーバと競合するために、ネスレとハーゲンダッツが提携しました。

涙の別れ

人生と同じように、ビジネスの世界でも蜜月はいつまでも続きません。1990年代初期、アップルとIBMは次世代マイクロコンピュータ用のOSを開発するために戦略的提携を行いました。タリジェントと呼ばれたその会社は、すぐに消えてなくなりました。自動車製造のホンダとローバーの提携も残念な結果に終わりました。

成功のためには、次のような原則を守らなければなりません。すなわち、提携からなにを得たいのか、なぜ提携しようとしているのか

賢人の言葉

業務提携のパートナーを引き付け、管理するのは、ネットワーク時代の新しい核となる競争力だ。
——マット・シフリン
(フォーブス・ドットコム編集者 2001年)

賢人の言葉

資本業務提携は
自由企業の進化の新しい章を開くことになる。
――ピーター・ペカーと
マーク・マーガルズ（2003年）

を知る、入念な調査によって最適な相手を選ぶということです。業績回復のために提携戦略をとるのであれば、同じように問題に直面している企業が相手では問題は解決できません。それぞれが相手に求めるものを明確にし、すぐれた弁護士を雇って明文化することも大切でしょう。

人事交流が提携先に対する信頼や理解を生む例もあります。それぞれの企業が得意とすることに特化するといいかもしれません。また、提携は永遠に続ける必要はありません。目的を達成すれば終わりにしていいのです。よって、提携の多くは「戦術的提携」と呼ぶべきなのかもしれません。

電話会社の提携

日本のモバイルインターネットサービスは、NTTドコモが提供するiモードが50％の市場シェアを占めており、その中心は他社との提携によるものだ。オーケストレーターと呼ばれる戦略により、サービス開始のかなり前からコンテンツプロバイダーと数々の提携契約を結んだ。豊富なコンテンツとサービスによって、iモードは消費者の関心を呼び起こすのに成功し、提携先にも大きな利点を与えた。ドコモはそれぞれのサイト利用者に小額の利用料を課しているが、それはほとんどそのままコンテンツのプロバイダーに支払われるのである。また、ドコモが行う利用登録パターンに関する調査研究のデータも共有可能だ。iモードは携帯電話の増加とともに国際市場へも拡大しているが、それにも提携が大きな役割を果たしている。ヨーロッパでは9つの通信企業と提携し、iモードネットワークを作った。次の狙いは金融サービスである。さらなる提携が行われるだろう。

まとめの一言

新しい市場に進出する際のリスクを小さくするため

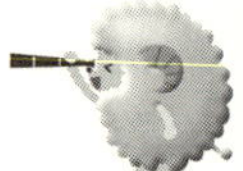

最適な物流システムをつくるには?

サプライチェーンの管理者が情報を交換すれば、
話題は、注文を完璧に処理することになるでしょう。つまり、
商品を、正しい場所に、無傷で、時間通りに届けることです。
どの企業もそれを達成しているわけではありません。
達成率が必要最低限に満たなければ、顧客が不満を抱く
だけでなく、サプライチェーンが非効率的で、コストがかかる
ことになります。そこで、商品が倉庫を出荷された
あとのサプライチェーンが注目されています。

timeline

1940年代
リーン生産方式

1950
サプライチェーン管理

サプライチェーンは一方で企業と供給業者を、もう一方で企業と顧客を結ぶものです。生産計画、仕入れ、商品管理、物流としての輸送とストレージが含まれます。従来、供給サイドと需要（顧客）サイドは異なるものとしてとらえられてきましたが、近年はひとつの連鎖として管理されるようになってきました。長い間、製造業にとって連鎖といえば供給業者からのもので、顧客までのルートは供給チャネルによって支配されてきました。

供給者側からの歴史はおもに大手自動車メーカーが作りだしたものです。彼らには供給者が非常に重要だったのです。フォードは、当初部品は自社で製造していたので、供給業者についてそれほど考えることはありませんでした。GMは1920年に部品製造をアウトソーシングしましたが、委託先は子会社でした。しかし、1950年、フォードが他企業へのアウトソーシングを開始したことによって、納期、数量、在庫、品質、破損といった問題が浮かび上がってきたのです。

供給が多ければ品切れよりはましと考え、たくさんの在庫を抱えて必要になるのを待つのが当時の考え方でした。しかし、在庫には費用がかかります。金を払って買ったものを倉庫にただ眠らせておくことになるのです。在庫品が商品に使われ出荷されるまで、運転資本はなにも生みだしません。完成品が倉庫で埃をかぶっている場合も同じです。* 在庫フローをより効率的に設計すれば費用を節約できるうえに、余剰資金を預金して利子を稼ぐか、より有用に活用することもできます。在庫は費用なので減らして資金を節約するべきなのです。古いタイプの経営者は倉庫いっぱいの在庫を誇りに思うかもしれませんが、ある意味それは絶望的なことでもあるのです。

＊棚卸資産

用語解説参照

ジャストインタイム

1980年代、大企業は、商品が必要なときに届くジャストインタイム方式を日本から学び、在庫を減らしはじめました。つまり、供給業者を

1950年代初期
チャネル管理

1970年代
アウトソーシング

1984
ステークホルダー

1985
バリューチェーン

運命をともにするパートナーあるいはステークホルダー（214ページ参照）と考えるようになったのです。供給業者を叩き、もっとも安いところを選ぶという時代は終わりました。価格は重要ですが、唯一の決め手ではないのです。

企業が供給サイドをより効率的に運営できれば、需要サイドのコントロールはそれほど必要なくなります。生産量は多すぎれば在庫に悩まされ、少なすぎれば品切れという事態が起こります。そのため、正確な売り上げ予想が必要になります。ある月の売り上げが好調なのを喜ぶためではなく、生産量を、多すぎたり少なすぎたりすることがないよう調整するためです。しかし、顧客の需要は予想外の理由で増減するため、予想はなかなか当たりません。この変動による影響は供給業者まで及ぶので、供給業者は生産量を増やすのか、減らすのか、維持するのかをすぐに知る必要があります。

そのため、昨今のサプライチェーンの話題の中心は、統合によって、売り上げの変化をできるだけ早く企業や供給業者に伝えることができる情報システムをつくることでした。消費財の製造会社は、この分野で大きな改善を見せています。P&Gでは、以前は小売店の品切れを補充するのに何週間もかかりました。商品が一定数売れたところでPOS（販売時点管理）から流通センターにメッセージが届き、商品が補給されていたのです。これでは時間がかかりすぎます。現在では、売り上げが毎日P&Gの供給業者に送られるので、棚が空になるような状態はあまりなくなりました。

しかし、グローバル化によって新たな問題が生まれています。アメリカ企業が携帯電話を中国で生産し、それをオーストラリアの小売店に売るというような場合には、サプライチェーンは限界点まで、ときにはそれを越えて延びています。途中には輸送などさまざまなプロセスが関わりあい、問題が起こる可能性も多くなっています。電話やファクスしかない遠隔地では、最先端の情報システムもほとんど効果がありません。

サプライチェーンの各プロセスは、マイケル・ポーターが提唱したバリューチェーンと共通点が多く、それぞれが在庫管理から運転手の

賢人の言葉

サプライチェーンはもはやバックオフィスの活動ではない。役員室の潜在的な武器となった。
――ケヴィン・オコネル（IBMインテグレイティッド・サプライチェーン部　1983年）

待ち時間まで、コスト削減の努力をします。部品がはいった箱を各所に配送するのが本業ではない企業のために、より効率的に業務を代行するところがあります。サプライチェーン管理者たちが3番目に好む話題はアウトソーシングです。物流の各プロセスをアウトソーシングする企業が増えてきています。工場でボールベアリングが入った箱をフォークリフトで運んでいる女性は、その会社の従業員ではなく物流業者の社員かもしれません。サプライチェーンによって競争力を生み出すことができるよう、各企業は努力をしています。

賢人の言葉

サプライチェーンを整備する75%はプロセスで、25%はツールと技術です。

——ノーム・フェルドハイム

（クアルコム　2005年）

失敗は繰り返さない

2003年から2004年にかけて、携帯電話用チップの需要は37%伸びた。チップセット製造のクアルコムは愕然とした。十分なチップを確保できず、大量に押し寄せてくる注文に応えることができなかったのだ。これにいきり立った同社は、こうしたことが二度と起こらないようサプライチェーンを再編した。それまで、同社のサプライチェーンの設計は、需要と供給の2つの部署で別々に行われていたので、まず、それを統合した。また、注文の遂行率を高めるために、供給業者の生産能力を考慮に入れた長期の需要予想が必要とされた。そこで、需要設計用のソフトウェアをアップグレードする一方で、サプライチェーン、財務、IT，販売、マーケティングの責任者が集まって定期的に設計会議を行うことにした。供給業者を増やし、情報の共有を進めることによってサプライチェーンはより柔軟になった。ふたたび予想外の需要の急増が起こったときには、供給業者間で生産を調整することができるようになっている。指定時間内の商品配達率は90%以下から96%に改善された。業界内では高い数字である。

まとめの一言

供給者から顧客までをつなぐ鎖を管理すること

知ってる?

CHAPTER 43 システム思考

ひとつの事象ではなく全体像をつかむには?

システム思考をつらい体験から学んだ農夫たちがいます。
彼らは、作物を食い荒らす害虫を殺虫剤で退治しました。
効果はありました。しかし、一時的なものでした。
作物は、ふたたび、以前よりもひどい被害を受けたのです。
前回、あれほど効果があった殺虫剤は効きません。
実は、作物を食い荒らした害虫は別の害虫も食べていたのです。
害虫1がいなくなったために、害虫2の天下が訪れたのです。
物事は見かけよりも複雑で、ある作用が目に見えない、
予想外の結果をもたらすことがあるというのが、
システム思考の考え方です。

timeline

1958
システム思考

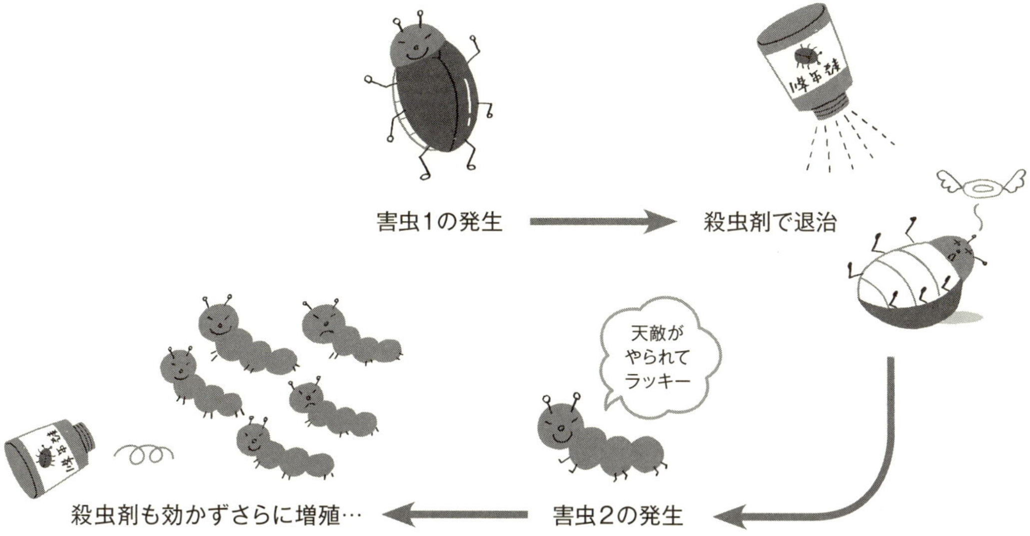

システム思考は、人は―― 害虫もそうです ―― 孤立したものではなく、すぐには目に見えなくても、社会や自然のプロセスと相互に結びついているととらえています。リニア思考は直線的なものの見方です。Aに対してBを行えば、Cという結果が出ると考えることです。しかし、システム思考では、Aに対してBを行えば、DとEに影響を及ぼし、Fという結果が明らかになる、しかもその結果がすぐには現れず、時間をかけて現れることもあると考えるのです。

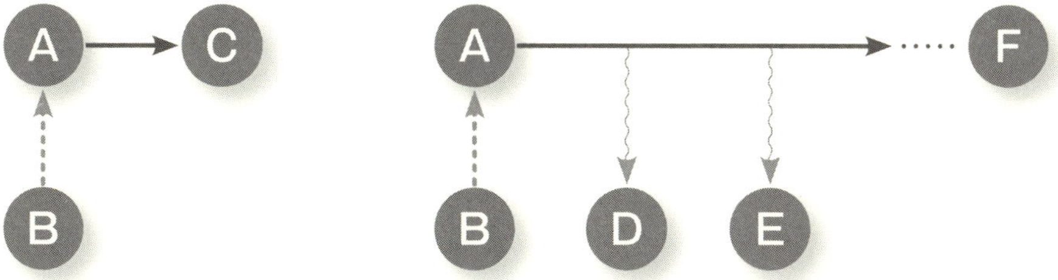

1985
バリューチェーン

1990
学習する組織

システム思考は、アメリカのコンピュータ技術者ジェイ・フォレスターのシステムダイナミクスから生まれたものです。彼は、単純なシステムでさえ直線的な結果がでないことを研究し、1958年、『インダストリアル・ダイナミクス』という論文を発表しました。さらに最近では、ピーター・センゲ（159ページ参照）が、学習する組織では、目的に向かってより生産的に協力し合うためにシステム思考とシステム認識がいかに役立つかを述べています。

環を作る

システム思考はプロセスを直線ではなく環《ループ》、あるいは、環の連結から成るシステムととらえています。システムは、人、組織、プロセスなどを結びつけます。大切なのはそれぞれが互いに及ぼす影響です。対テロ戦争の根はイデオロギーの対立にあるのではなく、両者が共有する考え方にある、とセンゲは論じています。

アメリカの支配階級によるリニア思考では、テロリストの攻撃はアメリカを脅かすものなので、武力による報復が必要だと考えます。テロリストたちは、アメリカの軍事活動はアメリカという国の攻撃性を示すものであり、テロで対抗するしかないと考えています。この2つの直線的な考え方が、円を形成し、互いに影響を与え合っているのです。センゲは言います。

「両者とも予測される脅威に反応している。しかし、彼らの行動は、結局、すべての人々にとって危険性を高めていることになる。多くのシステムと同じように、明らかな行動が、明らかで望ましい結果を生みだすとは限らない」

職場の問題解決でも同じことが言えるのではないでしょうか。システム思考の主要な考え方のひとつに「フィードバック」があります。これは、顧客からのフィードバックといったものとは異なり、システムのなかの要素が影響を及ぼし合うことです。それぞれの影響は原因でもあり、結果でもあります。害虫1が消えたのは殺虫剤を使った結果であり、害虫2の復活の原因になりました。こうした因果関係の連鎖がやがて環になるのです。

フィードバックの**強化**は深刻化を招き、良い方向であれ、悪い方向であれ、結果を増幅させてしまうことがあります。自己達成的な予言は職場におけるフィードバックの強化の一例です。アメリカ政府とテロリストの間の緊張関係の強化もそうです。フィードバックの**均衡**はシステムを安定させるもので、成果重視型の行動の結果です。

時速60マイルで車を運転しているときに、50マイルに減速したいと思えば、その気持ちに「影響」されてブレーキを踏むでしょう。40マイルしか出ていなければ、アクセルを吹かすでしょう。いずれも時速50マイルになるまでのことです。これが明示的なフィードバックの均衡です。非明示的なフィードバックは、なぜわざわざそうしようとするのか、という理由でしょう。フィードバックには、原因や影響の流れを阻害して、明らかになるまでに時間がかかるようにする**遅延**も存在します。

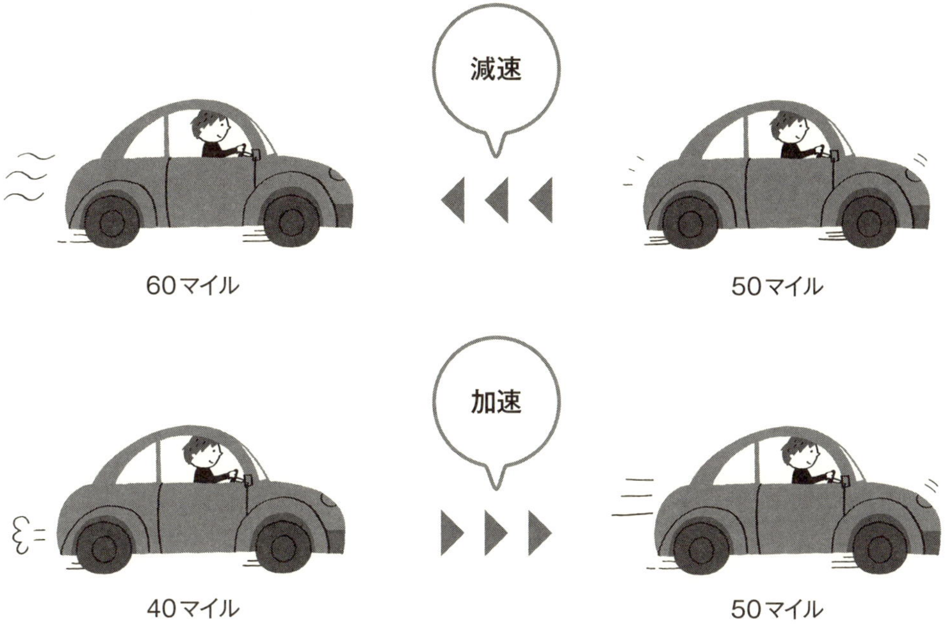

解決策がシステムの別の部分では問題に変わってしまうというように、システムダイナミクスはさまざまな形で現れます。新しいマネジャーが在庫を減らすことで費用を削減する一方で、販売部隊は納入の遅れに憤る顧客への対応により多くの時間がかかるようになったということもあるでしょう。また、第3四半期に商品の値引きをしたために前倒し購買が増え、第4四半期の売り上げが落ち込むということもあるかもしれません。大量の麻薬の密輸入を食い止めると、路上犯罪が増える、とセンゲは言います。供給減によって価格が上がった麻薬を、常習者がなんとしてでも手に入れようと金を奪うなどするからです。

フィードバック

強化フィードバックは、マネジャーの期待が部下の成績に影響されるときに起こります。あなたが目をかけた部下たちが能力を伸ばせるよう力を貸し、彼らがその期待に応えたとします。あなたは自分が正しいことをしたと感じ、さらに力を貸そうとするでしょう。その逆の場合もあります。部下の成績が悪いのは、あなたが部下に目をかけなかったからです。「システムは強く押せば、それだけ強く戻ってくる」センゲはフィードバックの均衡についてそう説明しています。センゲの友人は、自社の従業員のストレスを軽減するため、仕事を早めに切り上げさせ、オフィスに鍵をかけました。ところが、効果はありませんでした。従業員は家に仕事を持ち帰っていたからです。なぜならば、その企業では、昇進するには週に70時間働かなければいけないという暗黙の基準があったのです。社長自身がそうしていたからです。

紹介したのはわかりやすい例のみです。大企業でのシステムはずっと複雑なものになるでしょう。企業には予測、設計、分析のための、最先端の強力なツールがありますが、それでも、もっとも深刻な問題の原因を突き止められないことがあります。それは多くの要因のある複雑性に対処するために作られているからだ、とセンゲは述べています。ところが、そうしたツールは、因果関係がとらえにくく、結果が時間を経て表れるうえに、明らかではないダイナミックな複雑性には対応できないのです。

こうした問題に対応するには発想の転換が必要だ、とセンゲは言います。システム思考とは、直線的な結果や影響ではない関係性を見極め、スナップ写真ではなく変化のプロセスを見ることなのです。

未来のデザイン

宇宙船を打ち上げる前には、必ず試作品を作ったり、軌道をシミュレートしたりする。新しい電気やかんでさえ何度かテストを行う。それなのに、なぜ企業はテストなしに設立されるのだろうか。

システムダイナミクスの提唱者であるジェイ・フォレスターは、コンピュータを使って何年も社会システム（企業）をシミュレートして、実行に移すべきときがきたと考えた。社会システムを設計するという考え方に反発があるのは理解しているが、常にそれは行われ、そして失敗しているのだ、と彼は言っている。「会議や直感で設立された組織が、同じ手法で造られた飛行機以上の成果をあげるはずがない」

飛行機は設計技師によって設計され、パイロットが操縦する。しかし、企業はパイロットが設計しているのである。将来、ビジネス・スクールでは、企業の経営だけでなく、設計も教えるようになるかもしれない、と彼は論じている。「正しく設計した企業は、より成功をおさめやすいだろう。企業を正しく設計すれば、短期的な成果のために、長期的な失敗をもたらすような方針を採用するのを避けることができる」

まとめの一言

因果関係を知ること

CHAPTER 44 XY理論（およびZ理論）

知ってる？

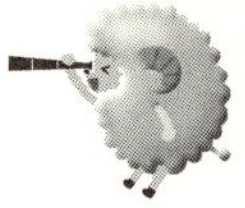

そもそも人は、怠け者？ 働き者？

いかに従業員を効率的に働かせるかという科学的経営が初めて登場した頃とは大きく異なり、企業経営者はいかに従業員のやる気を促すかを考えなければならなくなっています。今日、たとえリップサービスであったとしても、経営者のほとんどが、従業員は人間であり、人間としてのニーズや願望をもっているので、それを理解して、彼らのもつ力を最大限に引き出さなければならないと言います。今日では当たり前のことかもしれませんが、企業経営者がこれを受け入れるようになったのは、ダグラス・マクレガーのX理論・Y理論のおかげです。

timeline

1450
イノベーション（技術革新）

1911
エンパワーメント
科学的経営

X理論とY理論は2人組、すなわち、人的資源を管理する善人と悪人です。マクレガーは、最適な経営スタイルは両方の性質をもつものだと言います。企業経営は、経営者の人間観を表している、と考えたのです。従業員のやる気は、彼らのニーズを満たすことによって促すことができるというのが彼の理論ですが、ニーズがどのようなものかという仮定はそれぞれ異なります。どちらもアメリカの心理学者アブラハム・マズローが1943年に唱えた欲求階層説から引き出されました。

マズローは、人間の欲求には段階があり、下位の欲求が満たされると、その上の欲求の充足が求められると考えました。人間は、まず肉体的な欲求を満たし、最後に自己実現の欲求を満たそうとするというのです。段階は、次のようになっています。

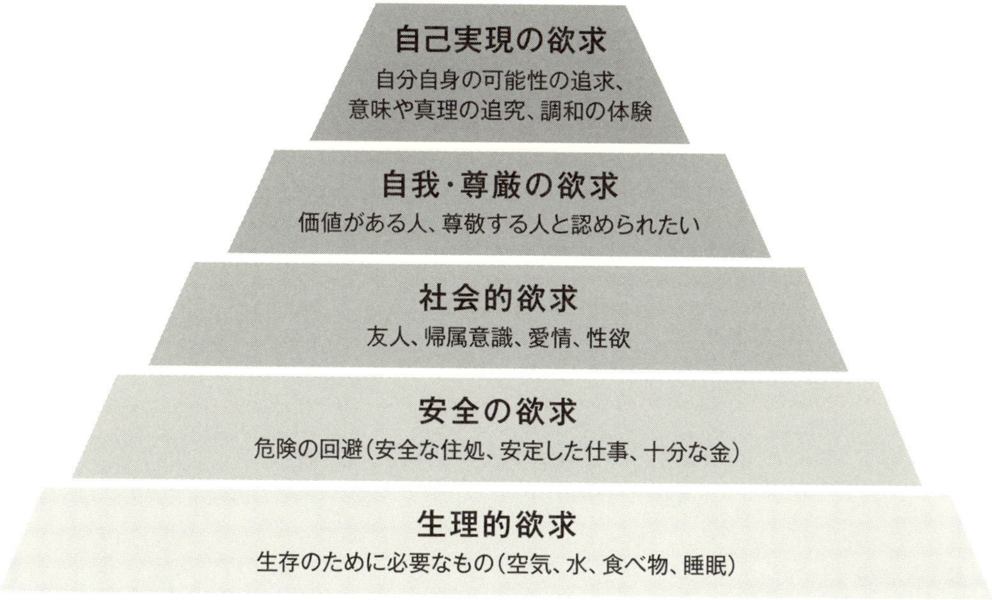

1960
XY理論（およびZ理論）

1981
日本式経営

1982
組織の卓越性

最上位の「自己実現の欲求」は、他の欲求と異なり満たされることがありません。また、上位から2番目の「自我・尊厳の欲求」は、内的なもの（自我、達成感）と外的なもの（社会的地位、注目、賞賛）の2つに分類されます。

マズローは、のちに自我・尊厳の欲求と自己実現の欲求の間に、知識と美の欲求を付け加えました。

ダグラス・マクレガーは、1960年の著作『企業の人間的側面――統合と自己統制による経営』（高橋達男訳、産能大学出版部）で従業員のやる気を促す2つの対立する理論について述べ、それらをX理論、Y理論と呼びました。

X理論

人間を次のようにとらえています。

- 人は働くのがきらいで、できれば避けたいと思っている。
- コントロールや脅しがなければ一生懸命働かない。
- 責任を負いたがらず、命令されるのを好む。
- 安定した仕事を望む。

X理論では、人間は生理的欲求と安全の欲求だけを満たすために働くと考えられています。経営者の役割は仕事をシステム化し、従業員に給与や手当を与えることです。欲求が満たされれば、従業員は働く動機を失ってしまうのでX理論は不完全だ、とマクレガー言います。そして、より高い段階の欲求を仕事外に求めるようになるため、仕事から得られる満足感はより多くの給与をもらうことだけになってしまいます。しかし、大規模に生産を行うような業態では、X理論の方がY理論よりも実用的だ、とマクレガーは考えました。

賢人の言葉

完全真空のような、完璧な組織は実際に作ることは不可能だと知りながら、企業と従業員の努力を指揮するための新しい方法を探り、革新を行うことが挑戦だ。

――ダグラス・マクレガー（1960年）

賢人の言葉

人間は永久に求め続ける動物だ。
――エイブラハム・マズロー（1943年）

Y理論

労働者をより成熟した大人としてとらえています。

人は働くのが好きである。

本気で取り組めば、
会社の目的に合わせて自ら方向づけをすることができる。

より高い段階の欲求を満たすことができるという動機があれば、
本気で取り組むようになる。

責任を負うことができるし、それを求めることさえある。

想像的・創造的で、業務上の問題を創意工夫をもって解決できる。

Y理論によると、企業が従業員を活気づける方法に、より多くの選択肢があることになります。分権化、権限の委譲、意思決定権をより多くの従業員に持たせることも可能になります。仕事の幅も広がります。また、権限の委譲は、自我・尊厳の欲求を満たすことになるでしょう。意思決定のプロセスに従業員を組み込めば、彼らの創造力を活かすことができると同時に、職業人としていかに生きるかを考えさせることもできます。職場でより高い段階の欲求が満たされるおかげで、働く動機はX理論よりもずっと刺激的なものになるのです。

マクレガーは、Y理論は専門職業的業務や知識労働者に最適であり、問題解決への参加を促すものだと論じました。こうした考え方は“ソフト”な経営と呼ばれ、一方、X理論は“ハード”と呼ばれます。また、参加型と独裁型と呼ばれることもあります。研究により、Y理論は柔軟性がないことが明らかになりましたが、その精神の多くはエンパワーメントという経営理論に引き継がれました。マクレガーの理論はアメリカ企業の経験をもとにしたものだったので、イギリスやヨーロッパの企業には当てはまらない部分も多くありました。そして、1980年代に、日本型という第3のモデルが登場したのです。

日本の産業と金融が成長を続けているのが明らかになるにつれ、終身雇用、集団的意思決定、暗黙の管理メカニズム、従業員の幸福に対する関心といった、企業構造や慣行に注目が集まるようになりました。これは従業員のやる気を引き出した結果によるものですが、欧米とはまったく異なるもので、真似はできないと考えられました。

Z理論

しかし、1980年、ハワイ生まれのウィリアム・オオウチが『セオリーZ——日本に学び、日本を超える』(徳山二郎訳、CBS・ソニー出版)

ハーツバーグの衛生理論

いかに従業員のやる気を促すかについては多くの研究が行われている。一方、なぜ従業員がやる気を失うかについて調べた研究者は少ないが、そのひとりがアメリカの心理学者フレデリック・ハーツバーグである。彼は動機付け衛生理論(2要因理論と呼ばれることもある)を提唱し、従業員のやる気を失わせる要因は、仕事に対する満足感を与える要因とはまったく無関係なものだと論じている。そして、満足感を与える要因を動機付け要因、不満足感を与える要因を衛生要因と呼んでいる(右ページの図を参照)。

2つの感情は正反対のものではない。満足の反対は不満足ではなく、満足がない状態なのだとハーツバーグはいう。衛生要因は不満の種になるが、それを解消しても不満の種がなくなっただけで、動機付け要因にはならないのである。動機付け要因は仕事に内在するものである一方で、不満を引き起こす要因は外的なものだからだ。ハーツバーグはそれらを仕事に対するインセンティブや懲罰への不安を示すものとしてKITA(kick in the ass)要因と呼んだ。

ハーツバーグは仕事の質を高めるべきだと論じている。つまり、従業員が能力を発揮できる、やりがいのある仕事を与え、より高い能力を示した者にはさらに責任ある仕事を任せるのである。従業員が能力以下でできる仕事であれば、自動化するか、スキルがより低い従業員にまかせるといい。

を出版しました。そして、終身雇用や従業員と家族への全般的な配慮を取り入れる一方で、個人の責任を重視し、明示型と暗黙型の両面をもつ管理メカニズムの採用といった日本とアメリカの企業の良いところを合わせた企業モデルを提案しました。それにより、雇用の安定、高生産率、士気の昂揚が達成できるとオオウチは論じています。

動機付け衛生理論（2要因理論）

衛生要因 （不満となる要因）	動機付け要因 （満足を与える要因）
会社の方針	達成感
上司との関係	仕事そのもの
同僚との関係	昇　進
管理監督者	賞　賛
労働環境	責　任
給　与	成　長

まとめの一言

いかにやる気を促すか

CHAPTER 45 ティッピングポイント

閾値を超えると?

アメリカの元国防長官ドナルド・ラムズフェルドは、
イラク戦争の際に「ティッピングポイント」という言葉を
よく使いました。この言葉は、それ自身の
ティッピングポイントを超え、いまでは
誰もが使うようになっています。

timeline

1958
ティッピングポイント

賢人の言葉

世界はわたしたちが考える通りにはいかない。
——マルコム・グラッドウェル（2000年）

インターネットを検索すると、「ティッピングポイント」という言葉は、イラク戦争、アフガニスタン侵攻、オンラインメディア、石油、ソフトウェア、オンライン広告などさまざまな分野で使われています。また、多くの企業がこれを社名として取り入れています。

ティッピングポイントという言葉を生み出したのは、アメリカの政治科学者モートン・グロジンズでした。彼は、1950年代後半に、近隣統合について研究して次のようなことを発見しました。すなわち、白人家族ばかりが住む地域に黒人家族が初めて移り住んできた場合、最初の何家族かまでは白人たちはすぐに他へ移住するようなことはしないのに、ある数を超えると、突然、恐怖を感じ始めるということです。この瞬間がティッピングポイントです。2000年、ニューヨーカー誌の記者マルコム・グラッドウェルは『ティッピング・ポイント——いかにして「小さな変化」が「大きな変化」を生み出すか』（高橋啓訳、飛鳥新社）を出版し,この原則を新たな形で紹介しました。

グラッドウェルは、まず、1990年代半ば、一部のファンだけに支持されていたハッシュパピーのカジュアルシューズが、突然ニューヨークで流行し、1年間の売上げが3万から43万に急増した例を紹介しています。マーケティング担当者にとってこれほど嬉しいことはありませんが、これはマーケティングの結果ではありませんでした。おしゃれなマンハッタンの人たちがこの靴を履くようになったのは、この靴があまりに野暮ったいからというあまのじゃくな気持ちからだったのです。有名デザイナーであるアイザック・ミズラヒがこの靴を履くようになると、他のデザイナーも春のコレクションに使いはじめ、まもなくハリウッドのもっとも洒落た店の屋根の上に、ハッシュパピーのキャラクターであるバセットハウンドの形をした風船が浮かぶようになりました。つまり、口コミ——この場合は次々に人が真似をしたこと——によって、ティッピングポイントに達したのです。

グラッドウェルはこの突然の人気を伝染性と呼んでいます。確かに、ティッピングポイントは伝染病のような現象で、人から人へ伝わるという意味ではウィルス感染とよく似ています。ハッシュパピーの現象も同じように説明できます。しかし、どうしてこんなことが起こったのでしょうか。グラッドウェルは、少数者の法則、粘りの要素、背景の力という、3つの理由を挙げています。

3人のチャンピオン

少数者の法則によると、あるメッセージが伝染病のように伝播するには3種類の役割を担う人が必要です。

1. 媒介者（コネクター）

顔が広く、多種多様な社会的環境で活躍している。人脈をつくるのがうまく、社交上手。

2. 通人（メイヴン）

特定のことについての情報を集め、それを他人と共有したいと思っている。10年以上前の物価を覚えていたり、音響装置に詳しかったり、新聞に投書をしたりするような人。情報のスペシャリストであり、データバンクである。

3. セールスマン

試してみてほしい、とさまざまな手を使って人を説得する。

粘りの要素を定義するのは難しいですが、アイデアや商品に注目が集まるようひと工夫することです。グラッドウェルはテレビ番組「セサミストリート」が何百万という子どもたちの読書力を高めたのは、マペットたちがその要素を作り出しているからだと言います。背景の力とは、すなわち、ティッピングポイントは時と環境が正しくなければ起こらないということです。犯罪都市ニューヨークでは、1990年代初期に犯罪率が臨界点に達しましたが、その後、殺人事件は5年のうちに60％減少し、犯罪事件は全体で半減しました。これは賢明な警察署長のおかげです。メッセージは地下鉄の落書きをきれいにすることで広く伝えられました。その背景には、ニューヨークの市民が犯罪はもうたくさんだと思っていたことがあるのです。

グラッドウェルは、集団が背景の力の役割を果たすことができると考えています。レベッカ・ウェルズの『ヤァヤァ・シスターズの聖なる秘密』（土屋京子訳、早川書房）が250万部を売り上げた理由は、おもに女性の読書グループで取り上げられたからです。グループは人々の行動に影響を及ぼします。映画も映画館が満員のほうが楽しく、刺激に満ちているように感じられるでしょう。グループが導き出す結論は、メンバーの一人ひとりが考え出したものとは異なることが多いものです。この本のように、結びつきの強いグループの考えは伝播性が増大する、とグラッドウェルは論じています。しかし、グループはどのくらい大きくなると結束力を失うのでしょうか。そこから、企業が学ぶべきことはあるでしょうか。

ダンバー数

研究や経験によって、一人ひとりが安定した関係を維持できるのは、グループ全体の人数が150人までと考えられています。これはときにダンバー数と呼ばれます。イギリスの人類学者ロビン・ダンバーは、霊長類、先史時代の部族や村の規模を調べた結果、この数字に行き着きました。キリスト教アナパブテストの流れを組むフッター派の共同社会は、150人に達したときに分裂し、ゴア・テックスを製造するＷＬゴア社は、工場労働者が150人になると、新しい工場を建設しています。同社は過去40年間の収益率が高く、アメリカ、イギリス、ドイツ、イタリア、EU全体で最も働きたい会社の上位に名前を連ねています。

グラッドウェルはゴア社が新しいアイデアや情報が生まれやすくなるメカニズムを作り上げた、と言っています。つまり、記憶のつながりや仲間からの圧力によって、アイデアや情報がすぐにグループ全体に伝わるということです。「もし一人ひとりの従業員に伝えようとすれば、より難しいものになるだろう」とグラッドウェルは述べています。

ダンバー数は150人！

グラッドウェルは経営の権威としてまたたく間に人気になり、多くの講演を行いましたが、あくまでも記者としての仕事を続けると言っています。明白な事実を述べているにすぎない、という批判もありますが、ビジネス理論家の間では、ヘンリー・ミンツバーグ（3ページ参照）と並んで賞賛されています。W・チャン・キムとレネ・モボルニュ（18ページ参照）は彼の理論をもとに、ニューヨークの犯罪撲滅計画の事例研究として『ティッピング・ポイント・リーダーシップ――NY市警の改革者に学ぶ』（ダイヤモンド・ハーバード・ビジネス・ライブラリー）を著しています。

賢人の言葉

ポール・リビアは媒介者だった。
――マルカム・グラッドウェル（2000年）

賢人の言葉

ティッピングポイントとは、世界に対する考え方が変わることだ。
――マルカム・グラッドウェル（2000年）

「ねえ、聞いた？」

看護婦のジョージア・サドラーは、サンディエゴの黒人社会に糖尿病と乳癌に関する意識を広めるため、市内の教会を回って講演会を行った。人はあまり集まらず、やって来た人はすでに知識があって、さらに多くを知りたいと思っている人ばかりだった。ティッピングポイントは訪れそうになく、背景の力も、媒介者も、粘りの要素も足りなかった。また、資金もなかった。

そこで、サドラーは、教会ではなく、美容院で講演会を行うことにした。民俗学者を使って、物語を伝えながら情報を与えるよう市内の美容師を訓練し、職場に戻らせた。美容師は、そうした情報を伝えるのにぴったりな客たちと特別な絆を築いている。また、会話が好きなので、仲介者として、通人として、セールスマンとしての役割を果たした。サドラーは美容師たちに、話を始めるためのきっかけや情報などを与え続けた。乳房撮影や糖尿病検査の受診者は徐々に増えた。マルコム・グラッドウェルは「伝播を始めるには、重要な分野にリソースを集中させることである。小さなことから始めて、大きなことを達成するのは可能だ」と言っている。

まとめの一言

大きな動きを
起こすことができる

CHAPTER 46 総合的品質管理（TQM）

知ってる?

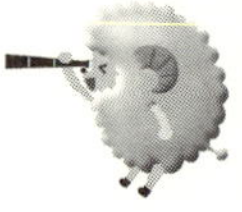

組織がひとつになって品質を管理すると?

企業経営が科学であるならば、それはきわめて不正確で、さまざまな考え方が現れては消える余地があるものと言えるでしょう。しかし、品質管理の分野は真の意味で大きな進歩を達成し、科学や数学が十分に活用されています。使われている科学の大半はアメリカで生まれたものですが、人間の洞察も多く取り入られていて、その多くは日本人によるものです。

timeline

1897
80対20の法則

1940年代
リーン生産方式

1951
総合的品質管理（TQM）

賢人の言葉

変化を引き起こすことはすべての人々の仕事である。
——W・エドワーズ・デミング（1986年）

欧米の企業の多くは、1980年代、この強力な組み合わせを総合的品質管理*（TQM）という形で達成しました。これは第二次世界大戦以降、日本で進化した理論やツールを統合したものです。原則を作り上げげたひとりに、アメリカの国勢調査を担当する統計学者であったW・エドワーズ・デミングがいます。彼は、1947年、連合国最高司令官によって日本へ招聘されました。現地調達によって生産される日本製品の質を向上させるために呼ばれたのです。

デミングは日本の産業をよく理解し、大きな成功をおさめ、神のように賞賛されました。彼の名前は、品質管理においてもっとも名高い賞である、デミング賞という形で残されています。デミングは経営哲学として14の原則を挙げて、改革の文化の必要性を説き、いかにそれを実現するかを示しています。そのうちのひとつが大量検査（品質管理の従来の手法）への依存をやめ、品質の高い製品を作るための統計的な証拠を求めることでした。また、熱心な教育と研修が必要だと主張し、部署間の障壁を取り除いて、トップ経営陣が、日々、現場と関わるべきだと訴えました。さらにPDCAサイクルを繰り返して、改善を続けることを提唱しました。PDCAとはPlan（計画）、Do（実行）、Check（評価）、Act（改善）のことです。

＊TQM
Total Quality Management
（トータル・クオリティ・マネジメント）

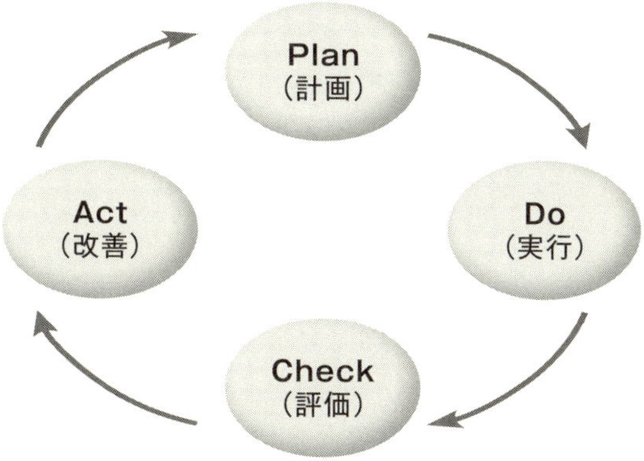

1981
日本式経営

1986
シックスシグマ

アメリカ人のジョゼフ・M・ジュラン（95ページ参照）も品質管理に大きな影響を及ぼしました。「品質は偶然できあがるものではない」と彼は言っています。これは品質目標設定・品質管理・品質改善の始まりです。品質問題を解決するためのツールである特性要因図を考案した石川馨も大きな貢献をしています。1951年、アルマンド・ファイゲンバウムが著書で*TQC（総合的品質管理）という言葉を初めて使い、石川馨がそれをTQMへ変更しました。

＊TQC
Total Quality Control
（トータル・クオリティ・コントロール）

特性要因図

特性（結果や課題）と、それに影響を与えると考えられる要因の関係を系統的・階層的にまとめた図

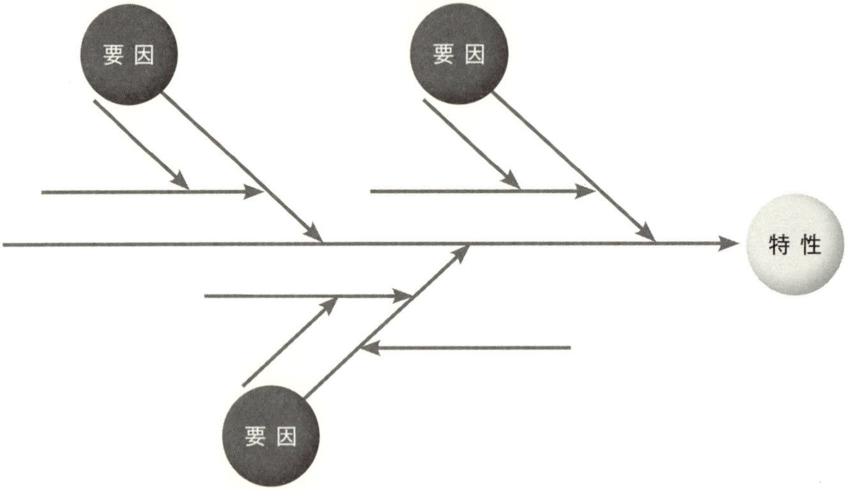

総合的品質管理の考え方はのちの多くの手法に取り入れられているものの、理論そのものは今日あまり好まれていません。全盛期は企業の在り方としては完全なものと考えられ、経営陣が先導したものですが、やがて人気が衰えていきました。TQMは個々の部門に焦点を当てたものです。しかし、製造部門だけでなく、企業全体にも使えるようになっています。企業のプロセスを顧客の目から見るという理論なので、社内で仕事を頼まれたり、渡したりする人を顧客と考えることができるからです。

賢人の言葉

わたしたちは最大限の努力をすることでくたくたになっている。
――デミングの2番目の原則

カイゼン

TQMには2つの目標があります。顧客満足（外部・内部とも）と欠陥ゼロの達成です。欠陥ゼロとはミスが起こらないことではなく、プロセスが欠陥の発生を前提としていないということです。カイゼンの原則はTQMに深く根ざしたもので、顧客満足を達成するための唯一の方法だと考えられていました。ほかにも修繕よりも予防、コスト削減のために欠陥がない製品を設計する、品質は全員で維持する、従業員は品質問題を見つけ、改善策を提案するための重要な役割を担うなどといった原則があります。

最後の原則はQCサークルといった考え方に発展し、従業員のエンパワーメントにつながりました。QCサークルはカイゼンチームと呼ばれることもあります。少なすぎず、多すぎない数の似たような仕事をする人たちが定期的に集まり、業務上の問題点について話し合います。その際、特性要因図を使うことが多いようです。QCサークルの指針は次のようなものです。

自主的な集まりにする。参加を強制しない。

監督者の指導のもとに定期的に会合を開く。
最初は週に1度1時間から始めるとよい。その後、取り組む問題によって集まる頻度を決める。

会合は業務時間内に行う。ただし、
業務に気をそらされることがないようにする。

会合ごとに議題と目標を明確に定める。

必要であれば専門家を呼び、助けを求める。
そのための予算も割り当てる。

TQMがアメリカで広まると、パーシング弾道ミサイル・プロジェクトの品質管理マネジャーであったフィル・クロスビーは、アメリカ人向けにこうした考え方を抱き合わせてひとつにまとめました。ゼロ・ディファクト（欠陥ゼロ）の概念を開発したのも彼です。また、彼は品質管理の4つの原則もまとめています。

1　品質は要求に一致したものであること。

2　品質維持は品質検査より望ましい。

3　ゼロ・ディファクトは品質管理の標準である。

4　品質をコストとして考える。
要求に合わないものは品質不適合原価となる。

そして、品質は経営陣がおもに責任をもつものと考え、品質管理活動を行うグループを品質改善チームという形で提案し、従業員自身が目標を設定することを奨めています。正しく行わなかったことをやり直すことで、製造業では収益の20％が、サービス業では35％が費やされると彼は考えました。これが品質コストなのです。欠陥をなくすために資金を投入すれば、こうしたコストを取り戻すことができるだけでなく、さらなる競争力も生まれます。「良い品質はタダで手に入れられる」というのが彼の口癖で、それを1979年発行の著書の題名にしました『クオリティ・マネジメント―よい品質をタダで手に入れる法』（小林宏治訳、日本能率協会）。

TQMは既存のプロセスの最適化にはすぐれていますが、新しいものにはうまく対処できません。より良い品質がすべての問題を解決するというのが前提の手法だからです。しかし、いくつかの考え方は他のシステムにも取り入れ可能で、品質マネジメントシステムの国際規格ISO 9001には多くが採用されました。

賢人の言葉

品質は結果であり、制御されるものではない。
——フィル・クロスビー（1986年）

カイゼン——小さいことは美しい

カイゼンは企業に、小さい、漸進的な変化を継続的にもたらす。TQMの中核となるカイゼンは、リーン生産方式（152ページ参照）とともに取り入れられてきた。しかし、とても効果的なツールだが、それだけでは使えない。上司から始まってすべての人の参加が求められ、実行を指揮するQCサークルが活動できる環境を作らなければならないからである。

全面的な大改革は見ていて気持ちがいいかもしれないが、多くの人やプロセスに影響を及ぼすのでリスクが大きく、中止は難しくなる。小さな改善は（現場の声から生まれることが多いので）容易で、迅速で、コストがかからず、リスクなく行うことが可能だ。また、小さな改善を積み重ねれば、大改革よりも影響力が大きくなるかもしれない。なぜなら、仕事を自分のものとして考えることを奨励し、士気を高めることができるからである。しかし、劇的な変化が必要かどうかは経営陣が見極めるべきである。なぜならカイゼンからはそうした変化はまず起こらないからだ。

まとめの一言

不良品をゼロにして、100％の顧客満足度を達成する

CHAPTER 47 バリューチェーン

価値を連続して付加することで生まれるものは？

ピーター・ドラッカー以降の誰よりも企業経営論に大きな影響を与えたマイケル・ポーターは、競争力について、固い信念をもっていました。企業が競争力を求めるならば、どんな小さなことも競争力という観点から分析するべきだ、ということです。製品が工場を出荷されたあとの競争力について、彼は5つの競争要因を提唱しました。そして、企業内部で生まれる競争力を分析するために、バリューチェーン（価値連鎖）という概念を開発しました。

timeline

1950
サプライチェーン管理

ポーターは、製品やサービスを作り出す企業の内部活動はすべてが複雑に関連した鎖《チェーン》のようなもので、それぞれがコストでもあり、最終商品に価値を加えると考えました。企業は、こうした価値の総計をコストの総計を上回る価格をつけて売るので、その差が利益になります。利益を最大化するために、鎖となるそれぞれの要素の競争力を分析するべきだ、とポーターは主張しました。

企業の主活動は、製品の生産やサービスの提供に直接関わることです。次の要素から構成されます。

購買物流

供給業者から原材料を仕入れ、必要なところに分配する。

オペレーション

組立てを行ったり、最終製品を製造したりする。あるいはサービスを提供する。

出荷物流

最終商品を在庫し、卸す。

マーケティング・販売

顧客に商品を買ってもらう。価格設定、流通チャネルの選択、広告宣伝を行う。

サービス

顧客が商品を買ったのちの据え付け、アフターサービス、クレームの処理などを行う。

1980
5つの競争要因(ファイブフォース)

1985
バリューチェーン

主活動の効率や効果を強化する支援活動には、次のようなものがあります。

調達

製品やサービスを作り出すために必要なものや原材料を買い付ける（価値創造活動）。

技術開発

研究開発、自動化など価値創造活動を技術面から支援する。

人材資源管理

従業員を選別し、雇う。研修を行い、能力を開発し、やる気を促し、報酬を払う。

企業インフラ

組織、管理、財務、法務、ITなど。

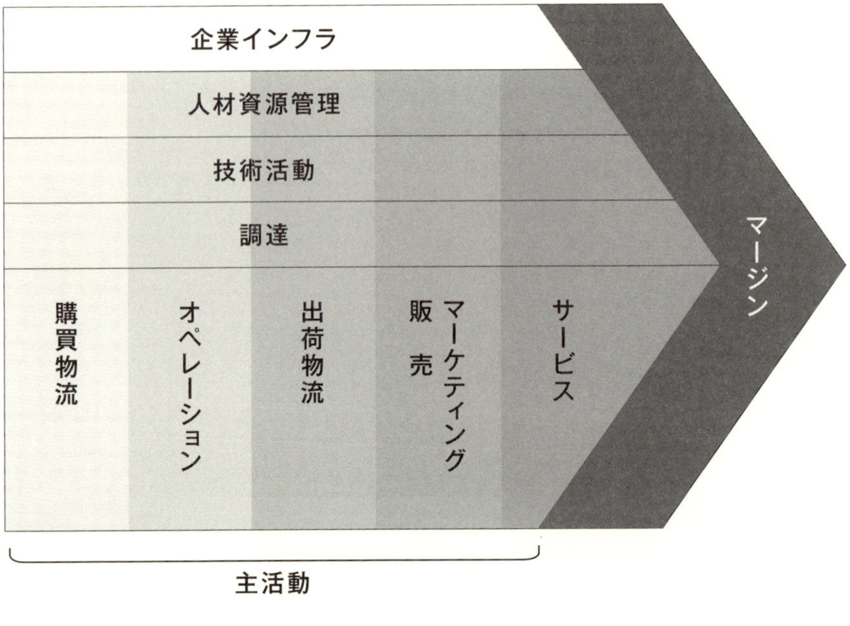

賢人の言葉

価値とは顧客が進んで対価を払うものである。
——アブラハム・マズロー（1943年）

こうした戦略的に重要な活動を競合企業よりも少ないコストで、あるいはより効率的に行うことによって、競争優位を確立することができます。それぞれの活動は連結点によってつながり、達成度やコストが互いに影響を及ぼし合います。この連鎖は、情報、製品、サービスの流れを含むもので、とても重要です。たとえば、マーケティング・販売では、タイムリーで現実的な売上予想を他の部署に提供しなければなりません。そうしてこそ、適切な量の原材料が必要な日に届くよう、調達部が手配できるのです。購買物流の準備が整うと、オペレーションが、納入が間に合うように製造日程を調整します。

また、生産コストを削減するために製品が再設計されたのに、逆にサービスコストが増大してしまうような悪い例もあります。バリューチェーンの活動と連結点の管理をより効率的に行えば、利益はより大きくなります。ポーターはこれを"最高の価値の生成"と呼びました。

コストを理解する

バリューチェーン分析は、ポーターがのちに提唱した2つの戦略——コスト優位戦略あるいは差別化戦略——を追求する際にも役立ちます。それぞれの活動に焦点を当てることによって、コストについて、そして、それを連鎖のどの部分からいかに削減するかについて理解を深めることができるからです。また、どの活動が競合企業よりもすぐれているかを理解するのに役立つとともに、差別化の機会を知ることもできます。さらに、アウトソーシングすべきはどの活動であるかもわかります。

競争優位は、バリューチェーンの各活動のコストを削減する、あるいは、バリューチェーンを再構成することによって確立できます。再構成とは、新しい生産プロセスや物流チャネルを導入するといったことです。たとえば、フェデラルエクスプレスは、バリューチェーンを再構成し、自社で輸送機を持ち、ハブアンドスポーク方式を開発することによって、高速輸送ビジネスを変えました。

規模の経済、設備稼働率、活動の連結、学習、事業体間の相互関係、垂直統合の進展度、市場参入のタイミング、地理的条件などが、コストに影響を及ぼす要因になるとポーターは指摘しています。こうした要因を競合他社より効果的に管理することによって、コスト優位の確立が可能になるのです。

差別化戦略を選んだ企業は、バリューチェーンのどの部分からも競争力優位の可能性を求めることができます。調達では珍しい独自の材料を買い付けることで、物流ではより質の高い顧客サービスを提供することで、差別化が可能になります。バリューチェーンを再構成する場合は、顧客や供給業者を買収するといった垂直統合などが行われます。差別化には独自性がなによりも大切ですが、そのためには創造性が必要で、余計にコストがかかることもあります。

ポーターは独自性を推進する要因を挙げつつ、その多くはコスト増大の要因になるとも説明しています。たとえば、方針や意思決定、連結点、タイミング、立地、相互関係、学習、統合、規模などです。企業のバリューチェーンは孤立したものではありません。供給業者や流通チャネルや顧客といったより大きなバリューチェーンの一部なのです。こうしたものが集まってバリューシステムを形成している、とポーターは言います。

それぞれのバリューチェーンの間には連結点があり、多かれ少なかれ、形は決まっています。垂直統合によって管理できる範囲を広げることもできますが、別の方法で協調することも可能です。たとえば、自動車部品の供給業者は、自動車製造会社の近くに工場を建てることを合意してくれるかもしれません。社内における連結点を管理するのと同じように、企業が競争優位を確立し、維持できるかどうかは、社外の連結点をいかに管理し、バリューシステム全体をいかに管理するかにかかっているのです。

賢人の言葉

ライバルと似たようなことをより良く遂行することはすぐれた業績のためには不可欠だが、企業の独自性を失いかねない。
――マイケル・ポーター(1985年)

人物紹介 **マイケル・ポーター(1947~)**

ハーバード大学ビジネス・スクールの同僚は、マイケル・ポーターを「おそらく世界でもっとも影響力があるビジネス学者」と評している。しかし、「おそらく」という言葉が不要だと考える人も多いだろう。ピーター・ドラッカーと並んで賞賛を集めるビジネス思想家は彼以外にはいないからだ。

ポーターとドラッカーの共通点は少ない。ドラッカーは洞察力があり、彼の哲学では常に人間が中心だった。一方、ポーターは、学問至上主義で人間味はあまりなく、あくまで分析を重んじ、目立つことを嫌った。ハーバード大学ビジネス・スクールは彼にユニバーシティ・プロフェッサーという最高の名誉を与え、彼の研究を助成するために戦略および競争力研究所を設立した。

競争力をテーマとした彼の研究は、企業から国へと対象の範囲を広げた。『国の競争優位』(土岐坤・小野寺武夫・中辻万治・戸成富美子訳、ダイヤモンド社)は1990年に出版され、その後、ニュージーランド、スイス、スウェーデン、カナダといった国々の研究書が出版された。これらの活動により、彼は、長年、もっとも収入が多い学者としても認識されていた。

国の競争力研究では、ハリウッド、シリコンバレー、ケンブリッジのシリコンフェンなどの産業クラスターに焦点を当てている。また、都心部の開発、農村開発、企業の社会的責任、イノベーションなどにも関心を示した。17の著作のうち、最新のものは『ヘルスケア市場の競争戦略』(ダイヤモンド・ハーバード・ビジネス・ライブラリー)と『日本の競争戦略』(竹内弘高訳、ダイヤモンド社)である。日本では現在、年に1度、戦略を達成した企業を選び、ポーター賞を授与している。

まとめの一言

競争力の源となる

知ってる?

なぜ、企業経営者は「兵法」を好む?

1980年代、企業リーダーたちは経営を戦争にたとえるのを好みました。敵を叩き潰したいからではなく、有能な将軍のように戦略を練る必要があると考えたからです。

timeline

B.C.500
戦争と戦略

1897
企業の合併・買収

賢人の言葉

戦略においては、すべてが単純化されているが、簡単なものだというわけではない。
——カール・フォン・クラウゼビッツ（1832年）

いまではあまり流行りませんが、大企業のリーダーたちは有名な将軍たちに親近感を抱いていました。将軍となった人々がもし後の世に生まれていたら、産業界で活躍することを選んだかもしれません。そして、立案、人的資源の編成、目的を達成するために多くの人々の士気を高める、といった、同じような仕事をしたことでしょう。

ゼネラルエレクトリック社を改革した元CEOのジャック・ウェルチは、ナポレオンの行動を論理的に説明したといわれる書を著したカール・フォン・クラウゼビッツを崇拝していることを隠しませんでした。カール・フォン・クラウゼビッツは、ワーテルローの戦いでプロシア軍の参謀長を務めました。著作『戦争論』（清水多吉訳、中央公論新社など）は、1832年、クラウゼビッツの死後に出版されたものです。「戦争計画は戦略によって決まる」と彼は述べています。計画は変えなければならなくなることがあることも認めています。また、「戦略の詳細を詰めるのは現場で行うべきだ」と言い、「戦略はつねにはたらかせなければならない」と主張しています。

クラウゼビッツは、戦略は説明であり、指示ではないと考えていました。ウェルチはそこが気に入っていたようです。そして、部下であるマネジャーのひとりからの手紙を引用し、戦略立案についての彼の考えと多くの共通点があると言いました。

「クラウゼビッツは大切なことを言っています。戦略を公式化することは出来ません。細かすぎる計画は失敗に終わります。偶然の出来事、不完全な遂行、敵の自由意志といった避けられない事象が起こるからです。その一方で、リーダーシップ、士気、すぐれた将軍の英知といった人間的な要素は素晴らしいものです。戦略は長々しい実行計画ではありません。中核となる考え方が、変わり続ける環境に合わせて進化したものなのです」

ボストン・コンサルティング・グループは、クラウゼビッツに関する著作を出版しています。しかし、20世紀後期の欧米の企業リーダーたちの心をとらえたのは、中国の将軍でした。日本製品の襲来によって苦境に立たされた彼らは、戦いに勝つための鍵を東洋に求めました。それが、『孫子の兵法書』だったのです。著者と目される孫武は、呉に仕えた武将で、紀元前500年頃、同書を記したと考えられています。哲学者である孔子や老子も同時代の人々です。

アフォリズム天国

欧米の軍人たちから賞賛されてきた『兵法書』は金言や洞察に満ちた戦略研究書で、戦略立案と開発、駆け引き、現場での臨機応変、戦術、敵情偵察などについて説明しています。戦略は組織による偉業だと主張し、その分析も無視できません。同書で戦略は「五事」で決まると述べています。すなわち次のようなものです。

- **道**　理想を共有し、人々の恐怖を鎮める
- **天**　昼、夜、暑い、寒い、時間の経過など
- **地**　距離、障害物、生と死の可能性
- **将**　英知、信頼、人間性、勇気、規律
- **法**　柔軟性

また、戦争は政治や経済と無縁ではないとされています。実際、戦争の決定的な5つの要因は、政治、適時性、地理的優位、指揮官、法で、政治が一番重要です。現代の考え方に通じるのは、戦争は犠牲を最小限にして勝たなければいけない、というものです。もっとも良いのは、政治戦略で勝つことです。また、敵の力を知ることは、己を知ることと同じくらい重要で、そのためにスパイを使うべきだと説いています。

企業経営者が学ぶべきこと

CEOのための入門書として、兵法の解説書や「兵法から学ぶ」というタイトルの本は数多く出版されています。マーク・マクニーリィは『「孫子の兵法」―― 経営者が身に付けるべき6つの戦略』（市原樟夫訳、PHP研究所）を出版し、企業経営のための6つの戦略的法則をまとめています。

法則1　市場を壊さず最大利得を狙う。真正面からの衝突はできるだけ避ける。価格戦争になれば、相手はすぐに攻撃的な反応を見せる。誰もが利益を失う。

「戦争における最善の方略は、敵国を無償のまま手に入れることであり、国を破ることはこれに次ぐ……百戦しては百勝することは用兵の極意ではない。用兵の極意とは戦うことなく敵を降伏させることである」

法則2　競合相手の強みを避け、弱みを攻撃する。

「軍とは、高きを避け低きへ流れる水に似て、敵の強みを避け、弱みを攻撃する」

法則3　先見の明と策略を用い、知力を最大化する。

「敵を知り、己を知れば、百戦してあやうからず」

法則4　勝負を長引かせないためには、スピードと準備が必要。スピードは慌てることではない。準備が必要。

「有事に対する準備をしないのは犯罪に等しい。備えをするのは高い徳目のひとつである」

賢人の言葉

戦争の科学というよりも、戦争の美学というほうがよりしっくりくる。

――カール・フォン・クラウゼビッツ（1832年）

法則5　同盟や戦略的要所を利用し、敵を思い通りに操る。

「兵法に習熟した者は、自らの戦場に敵を誘き出し、敵の戦場には赴かない」

法則6　リーダーとしての資質を開発し、部下の潜在能力を引き出す。

「部下に慈愛、正義、公正の気持ちをもって接し、彼らを信頼し、信用するならば、軍は心をひとつにして将軍に従うだろう」

孫子の人気は健在な一方で、戦略上のロールモデルは、“将軍”から“スポーツのチーム”などに変わってきています。

知可以戦
與不可以戦者勝
識衆寡之用者勝
上下同欲者勝
以虞待不虞者勝
将能而君不御者勝

以って戦うべきと
以って戦うべからずを知る者は勝つ、
衆寡の用を識る者は勝つ、
上下欲を同じくする者は勝つ、
虞を以って不虞を待つ者は勝つ、
将能にして君御せざる者は勝つ。

故用兵之法
十則圍之
五則攻之
倍則分之
敵則能戰之
少則能逃之
不若則能避之

兵を用うるの法、
十なれば、則ちこれを囲み、
五なれば、則ちこれを攻め、
倍すれば、則ちこれを分かち、
敵すれば、則ちよくこれと戦い、
少なければ、則ちよくこれを逃れ、
若からざれば、則ちよくこれを避く。

百戰百勝
非善之善者也
不戰而屈人之兵
善之善者也

百戦百勝は
善の善なるものに非ず。
戦わずして人の兵を屈するは
善の善なるものなり。

（『孫子の名言ベスト100』（守屋洋・守屋淳著　PHP研究所）を参考）

まとめの一言

戦略を学ぶことができるから

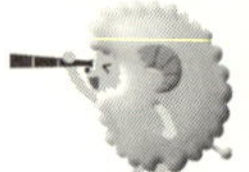

CHAPTER 49 Web2.0

Webの新しい利用法？

いくつかの例外をのぞき、企業は新しいものへの
対応が遅い傾向にあります。しかし、対応するときは、
徹底的に行います。いち早く動いた一握りの企業は、
他企業が追いつくまでは競争優位を得ることができるのです。
やがて、新しかったことが標準となり、また振り出しに
戻ります。通信技術の分野がまさにそうです。
電報、電話、テレックス、ファクスもビジネスを目的に発達して
きました。そして、いまは、インターネットとその周辺技術が
登場し、今回はいつもと違うと信じている人がいます。
（一方、そういう考え方がもっとも危険だという人もいます）

timeline

1950年代初期
チャネル管理

1958
ティッピングポイント

1964
マーケティングの4つのP

1960年代初期にマサチューセッツ工科大学（MIT）ではパケット交換やネットワークという考え方が生まれ、1965年に電話を使ったコンピュータ通信による初のネットワークが作られました。しかし、企業がそうした可能性に気づき始めたのは、1980年代になってからです。1988年の第1回インターロップ(ネットワーク・インフラ技術や、製品、それらを用いたサービスについての展示会)では、インターネットが紹介されました。インターネットはネットワークを可能にする基本的要素ですが、企業がより強い関心を寄せているのは、電子メールといったアプリケーションやウェブです。

企業は通信手段としての電子メールの利点をすぐに認識しましたが、スパムの多さのせいで、マーケティングチャネルとしての使用を避けてきました。また、ウェブサイトもあまり積極的に活用していませんでした。企業サイトの多くは情報を発信するのみで、電子商取引が盛んに使われるようになったのは、B2Bのより保護された環境内でのみでした。

しかし、セキュリティに対する消費者の不安が薄れていき、オンラインで本やクリスマスプレゼントを買ったときの満足感から信頼は高まっていきました。こうしてようやく電子小売りの真価が認められ、あらゆる商品に広がるようになったのです。オンラインショッピングは、取引にかかるコストが少ないために、価格も安くなります。2006年には50％の伸びを見せ、イギリスの小売り売上の10％を占めるようになりました。しかし、アメリカではいまだに3％にすぎません。

動きの速い生産業やサービスプロバイダーにとっては、新しい流通チャネル（42ページ参照）に注目したにすぎないのかもしれません。しかし、メディアは、雑誌・新聞やテレビではなく、ブログやソーシャル・ネットワーク・サービスだけで消費者が情報を得るようになるこ

1980
5つの競争要因（ファイブフォース）

1983
グローバリゼーション

2004
Web2.0
ロングテール

とを怖れています。

ワンクリックでさようなら

インターネットのせいで実店舗がなくなるということはないでしょう。しかし、人々の購買決定には大きな影響を与えているようです。ネット以外で買い物をすることが多いアメリカの消費者も、あちこちのサイトを訪れ、品物の価格や仕様を比較しています。逆に、店舗で実物に触れてからネットで買う人もいます。買い物や情報収集にはグーグル検索が欠かせないという人も多いでしょう。企業はみずからのウェブサイトをもつだけでなく、ユーザーをひきつけ、注目され続ける要素ももち合わせていなければなりません。それがなければ、消費者は一度クリックしただけで離れていってしまいます。ヤフーが言うように、ウェブは世界でもっとも自分勝手な環境なのです。

ドットコムバブルの破裂はニューエコノミーの息の根を止め――短期間ではありますが――インターネット革命は誇大広告にすぎないと考える人たちが正しかったことを証明したかのように見えました。マイケル・ポーターもそう考えたひとりです。彼は、インターネットは過去からの脱出だという声を否定し、進化し続ける情報技術の一部にすぎないと主張しました。

一方、『ｂウェブ革命――ネットで「勝つ」5つの戦略』(及川直彦・糸川洋訳、インプレス)の共著者であるドン・タプスコットの意見はまったく異なり、インターネットはすでに劇的な変化を成し遂げたと言っています。彼は、インターネットを「個人や企業が金銭をやり取りし、商取引を行い、事実を伝え、洞察や意見を示し、新しい知識を作り上げる」ための21世紀の新しいインフラと考えたのです。ポーターはインターネットが普及すれば競争優位は中立化されると考えましたが、タプスコットは、企業はインターネットを利用することによってユニークな商品を生み出したり、無駄をなくしたり、差別化を図ったり、新しい供給業者や顧客を開拓したりすることができる、と主張しました。

実際、インターネットは、誕生した当初の比較的受け身だったページ

賢人の言葉

インターネットは、競争戦略の基礎として、産業時代に確立された企業組織への挑戦を可能にする。
――ダン・タプスコット（2001年）

型のものから大きく変わり、人々が訪れる場所になっています。今日では、なにかを行うためにウェブを訪れるのです。それがWeb2.0です。

賢人の言葉

イーベイの商品はユーザーによるアクティビティの集合体である。ウェブ同様、イーベイもユーザーが使うことによって進化する。
——ダン・タプスコット（2001年）

参加型サイト

インターネットはショッピングセンターとイエローページをつなぐ以上のものになっている、というタプスコットの主張は正しいでしょう。Web1.0が宣伝広告などを発行するためのものであったとすれば、Web2.0は参加のためのものだ、と出版社のトニー・オライリー（彼の会社は2004年、このフェーズ2の概念を提唱した）は言います。ウィキのウェブサイトはまさに参加型で、ユーザーが内容を書き加えたり、修正したりすることができます（ウィキ-ウィキはハワイ語で「すぐに」という意味です）。もっともよく知られている例は、オンライン百科事典ウィキペディアです。誰でも掲載されている内容に加筆修正ができるために問題がないわけではありませんが、会議の準備や開発のためのアイデアを生み出すために、利用する企業もあります。イントラネットよりもウィキへのアクセス量が多い企業もあるのです。

マッシュアップ

Web2.0のサイトにはソフトウェアが組み込まれているので、利用者それぞれが、ソフトウェアのパッケージをダウンロードする必要はありません。見た目はウェブサイトのようですが、ソーシャル・ネットワーク・サービスを使って参加者やブログをつないだり、異なるコンテンツを同じサイトで見る（マッシュアップと呼ばれます）ことができるようにしたりするためには、リンクがとても重要です。

マッシュアップは、2005年8月末にアメリカの南東部ニューオリンズを襲ったハリケーン・カトリーナによって家を失った人々が仕事を探すときにも使われました。探している仕事をキーワードにして検索すると、1000を超える求人データが提供され、グーグルマップ上にその場所が示されたのです。ウェブ上で製品やサービスに対する口コミの評判を確立する方法は”バイラル・マーケティング“（コラム参照）と呼ばれます。

イーベイやスカイプといったWeb2.0の企業は、ウェブ上で生まれました。人々が使用して、コメントを残し、参加者が増えるにつれて、ツールが改善されていきます。「利用者は訪問するたびにウェブをプログラミングしている」とタプスコットは述べています。しかし、そうではない企業は、Web2.0がどのようなものかを手探りしている状態です。

ウェブ上のデジタル世界「セカンドライフ」に参加したものもあります。出版社のペンギンは、ア・ミリオン・ペンギンというユーザー参加型の小説プロジェクトを始め、関心を呼んでいます。これは、ウィキと同様に、参加者が文章の執筆、加筆、修正を行い、ひとつの小説にまとめあげるというものです。

ウェブ上のコミュニティは慎重に扱わなければいけませんが、イノベーションの機会になるのは間違いないでしょう。ウェブで感情の絆をつくるのに成功すれば、商品を生産する企業だけでなく、それを利用する人たちもそのブランドを「自分のもの」と考えるようになる、と調査結果では示されています。

口コミマーケティング

伝染病のように口コミを通じてメッセージを伝えるバイラル・マーケティングはより難しくなっている。広告主はウェブサイトで関心を引こうとするが、ウェブ上のコミュニティは、より冷ややかになりつつある。しかし、オールドエコノミーの広告担当者は挑戦を続けている。ブログ運営者であり、ノキアのビデオゲームグループのウェブ統合管理者であるカール・ロングは、金銭的投資が必ずしも成功に結びつくわけではないことを指摘し、次の3つのアプローチを挙げている。

実験

ブログ、Vログ、ポッドキャスト、ウィジェット、ソーシャル・ネットワーク（人とのつながりをつくったり、情報を共有したりするのが容易なツール）など、さまざまな社会メディアを構築するイノベーションの実践として考える。失敗は結果のひとつではなく、不可欠なものである。「早く失敗すれば、すぐに成功する」

モニター

社会メディアによって、市場に送り出したアイデアをリアルタイムで評価し、モニターするツールが無数に手にはいるようになった。Technorati、del.icio.us、BlogPulse、PubSUBなどは、どのような情報が交わされ、なにが人気かを知ることができるツールだ。モニターは、評価だけでなく、耳を傾けることである。会話や反応に注意を向ければ、豊富な情報が手にはいる。

反応

なにかを始めるときは、意見交換に対応したり、参加したりできるように準備しておくとよい。起こっていることを増幅させ、反響させ、利益に変えることはできるだろうか。ユーモアのセンスをもって楽しもう。バイラル・マーケティングのルールはただひとつ、本気になりすぎないことだ。

まとめの一言

21世紀のためのインフラ

CHAPTER 50 あなたの企業はどんなビジネスを行っているか？

知ってる？

マーケティング近視眼が危険なのはなぜか？

企業が現在の事業を新しい眼鏡で見直すことになるような、真に革新的なビジネス理論はめったに現れません。1960年、ハーバード・ビジネス・レビュー誌に発表された『マーケティングマイオピア（マーケティング近視眼）』という論文でセオドア・レヴィットが訴えたのは、まさに視点を変えることです。マーケティングというタイトルがついていますが、戦略についても多くを語っています。

timeline

1450
イノベーション（技術革新）

1938
リーダーシップ

1960
あなたの企業はどんなビジネスを行っているか？

先進国では、企業は顧客を第一に考えるものですし、少なくとも、そう主張しています。だから、そうでなかったときがあったのを思い出すのは難しいかもしれません。しかし、セオドア・レヴィットが、アメリカ産業の首根っこをつかんで揺さぶった1960年代初期は、そうではない時代だったのです。彼は主要産業はすべて、かつては成長産業だったことを指摘しました。引き続き成長を続けている産業もありましたが、それらも衰退の暗雲に覆われていました。また、すでに成長が止まってしまった産業もありました。いずれにしても、理由は市場の飽和ではなく、経営の失敗によるものでした。レヴィットは次のように言います。

「鉄道産業の成長が止まったのは、乗客や貨物輸送の需要が衰退したからではない。ニーズは増えていた。今日、鉄道産業が苦戦しているのは、その需要を車、トラック、飛行機、電話などが満たしているからではなく、鉄道が満たすことができないからだ。輸送産業に従事していることを忘れ、鉄道のみに専心したせいで、客を失ったのである。自らのビジネスの定義づけを誤り、顧客主体ではなく、商品主体でしか考えなかったのだ」

映画ではなくエンターテイメント

ハリウッドの映画産業は、テレビの誕生後もかろうじて生き残りました。しかし、大スタジオはすべて再編され、いくつかは消えていきました。原因はテレビの襲撃によるものではなく、スタジオのマイオピア（近視眼）です。ハリウッドの映画産業に従事する人々が考えるのは映画のことのみで、エンターテイメント産業全体ではなかったため、テレビの登場を新たなチャンスととらえませんでした。レヴィットは問います。「もしハリウッドが商品主体（映画だけを作る）ではなく、顧客全体（エンターテイメントを提供する）を考えていたなら、財政的困難を突き抜けることができたのだろうか」

レヴィットは、成長産業というものはなく、成長の機会を創出し、金に変えることができる企業があるだけだと述べ、成長が止まった、あるいは止まりつつある成長産業は、次のいずれかもしくはすべての神話を信じていたからだと考えました。

わたしたちが従事する産業を支える人々は増え、
より豊かになる。

わたしたちの主製品にとって変わるライバルはいない。

商品を大量に生産し、それによって
単位原価を急速に縮小すれば、事業は継続していける。

技術研究開発力がすぐれていれば、成長は約束される。

市場が拡大傾向にあると、企業は考えることも創造性を発揮することもなくなる、とレヴィットは言います。売り上げが自然に増えるので、いかに売るかを考える必要がないからです。そして、石油産業は最初の2つの神話を信じて、原油生産の効率性のみを追求し、後発品やマーケティングに力を入れなかった、と述べています。

馬車馬用の鞭

商品を衰退から確実に守る方法はありません。他企業の商品開発に負けることはないとしても、別の要因があるかもしれません。自動車の到来によって、いくら商品開発をしても、馬車馬用の鞭を救うことはできませんでした。しかし、運送業に従事しているという考え方ができれば、たとえばファンベルト製造などへの転換ができたかもしれません。

大量生産の産業では、生産量がむなしい期待につながることがあり

賢人の言葉

企業にとって幸運を呼び込む
最善の方法は、幸運を作り出すことだ。
——セオドア・レヴィット（1960年）

賢人の言葉

マーケティングと販売の違いは言葉以上のものである。販売は売る側の必要性を重視し、マーケティングは買う側の必要性を重視する。
――セオドア・レヴィット（2001年）

ます。「どの企業も生産増によって単位原価を縮小することをなによりも望んでいる。そのため、生産にばかり力が注がれ、マーケティングはないがしろにされる」とレヴィットは説明します。研究開発への固執も、商品がすぐれていれば売れるという幻想をつくりだすので危険です。結果として、マーケティングが軽視されるからです。こうした例ではすべて、企業が顧客満足ではなく、商品やサービスを提供することのみを重視しています。そうした考え方は180度転換すべきです。「産業は特許や原材料や売るためのスキルではなく、顧客とそのニーズが原点だ」とレヴィットは言いました。まず、顧客のニーズがあり、いかに商品を届けるか、製造するかを考え、最後に原材料に行き着くべきなのです。

販売はマーケティングではない

販売も重要です。「しかし、販売はマーケティングではない」とレヴィットは述べています。「販売は、自社の商品を顧客が持つ金と交換する策や技を考え出すことである。マーケティングとは異なり、企業が顧客のニーズを発見し、創出し、喚起し、満足させるための努力で成り立っているものだという視点をもたない」

善意や販売促進策だけでは顧客主体の企業を築くことはできない、とレヴィットは言います。組織やリーダーシップについても考えなければなりません。多くの人を引き付けることができるビジョンと、熱意と、指導力をもつリーダーが必要なのです。

経営者は、商品を生産するのではなく、顧客満足を創出するものと企業を位置づけ、その考え方を組織に浸透させなければならない、とレヴィットは主張します。顧客は獲得するものという考え方や熱意を呼び起こすのはCEOの責任です。「CEOは企業のスタイル、方向性、目的を設定しなければならない。つまり、企業がどこへ向かうべきかを知り、組織全体でそれを達成するための努力ができるようにすることだ。これはリーダーとしての第一条件である。リーダーがどこへ向かっているかを知らなければ、どの道を行っても目的は達成できない」

人物紹介 セオドア・レヴィット(1925～2006)

経済学者であり、ハーバード大学の教授であったセオドア・レヴィットは、『マーケティングマイオピア(マーケティング近視眼)』の論文で、現代経営学史における地位を確立した。ハーバード・ビジネス・レビュー誌に掲載された彼の25の論文のひとつである『マーケティングマイオピア』では、大胆な思想家と情熱的な執筆家としての才能が発揮されている。読者もそう考えたらしく、出版後、1,000社から35,000部の注文があり、その後も、850,000部が出版された。
レヴィットはドイツで生まれ、10歳のときに家族と一緒にオハイオ州デイトンに移住した。小学生のときに共同で新聞を発行しはじめ、その後、地元の新聞社でスポーツ記事を書き、高校を卒業するときには記者になった。第二次世界大戦が起こり、入隊によって勉学は中断されたが、すぐに遅れを取り戻して経済学で博士号を取得し、石油のコンサルタントとして働いたあと、1959年にハーバード大学に籍を得て以来、終生、そこで研究を続けた。
彼は、また、ハーバード・ビジネス・レビュー誌に寄稿したほか、1985年から1990年には編集に関わり、同誌の専門色を弱めてより一般的なものへと変えた。マイオピアに関する論文を書かなかったとしても、「グローバリゼーション」という言葉を広めたことで、人々の記憶に残ったかもしれない。1983年に書いた論文「市場のグローバリゼーション」で、彼はその言葉を使っている。

賢人の言葉

人々はガソリンを買うのではない。
車を運転し続けるための権利を買うのだ。
――セオドア・レヴィット(1960年)

セオドア・レヴィット 25の論文

1.『資本主義時代に成功するビジネスパーソン像』
"The Changing Character of Capitalism" HBR, July-August 1956.

2.『企業の社会的責任にまつわる危うさ』
"The Dangers of Social Responsibility" HBR, September-October 1958.

3.『冷戦の雪解け』
"Cold-War Thaw" HBR, January-February 1960.

4.『マーケティング近視眼』(1960年度マッキンゼー賞受賞論文)
"Marketing Myopia" HBR, July-August 1960.
DIAMOND ハーバード・ビジネス・レビュー 2001.11

5.『購買意欲調査をめぐる狂想曲』
"M-R Snake Dance" HBR, November-December 1960.

6.『アイデアマンの大罪』
"Creativity Is Not Enough" HBR, May-June 1963.
DIAMOND ハーバード・ビジネス・レビュー 2003.7

7.『技術から科学への主役交代』
"When Science Supplants Technology…" HBR, July-August 1963.

8.『製品ライフ・サイクルの活用』
"Exploit the Product Life Cycle" HBR, November-December 1965.

9.『岐路に立つブランディング』
"Branding on Trial" HBR, March-April 1966.

10.『模倣戦略の優位性』(1966年度マッキンゼー賞受賞論文)
"Innovative Imitation" HBR, September-October 1966.
DIAMOND ハーバード・ビジネス・レビュー 2001.11

11.『産業界がジョンソン大統領を支持する理由』
"The Johnson Treatment" HBR, January-February 1967.

12『社会から孤立するアメリカ産業界』(1968年度マッキンゼー賞受賞論文)
"Why Business Always Loses" HBR, March-April 1968.

13.『新市場への参入は慎重に』
"The New Markets—Think Before Your Leap" HBR, May-June 1969.

14.『広告の倫理をめぐる考察』
"The Morality (?) of Advertising" HBR, July-August 1970.

15.『サービス・マニュファクチャリング』(1972年度マッキンゼー賞受賞論文)
"Production-Line Approach to Service" HBR, September-October 1972.
DIAMOND ハーバード・ビジネス・レビュー 2001.11

16.『プロフェッショナル・マネジャーの条件』
"The Managerial Merry-Go-Round" HBR, July-August 1974.

17.『原材料の不足を逆手にとったマーケティング』
"Marketing Tactics in a Time of Shortages" HBR, November-December 1974.

18.『恐竜企業の生き残りのカギは買収による多角化』
"Dinosaurs Among the Bears and Bulls" HBR, January-February 1975.

19.『サービスの工業化』
"The Industrialization of Service" HRB, September-October 1976.
『サービス活動の工業化』ダイヤモンド・ハーバード・ビジネス 1977.2

20.『市場の変化に即したマーケティング』
"Marketing When Things Change" HBR, November-December 1977.
『転換期のマーケティング』ダイヤモンド・ハーバード・ビジネス 1978.4

21.『マーケティングの成功条件は差別化にある』
"Marketing Success Through Differentiation—of Anything" HBR, January-February 1980.
『差別化こそマーケティングの成功条件』ダイヤモンド・ハーバード・ビジネス 1980.5-6

22.『無形性のマーケティング』
"Marketing Intangible Product and Product Intangibles" HBR, May-June 1981.
DIAMOND ハーバード・ビジネス・レビュー 2001.11

23.『市場のグローバリゼーション』
"The Globalization of Markets" HBR, May-June 1983.
『地球市場は同質化へ向かう』
ダイヤモンド・ハーバード・ビジネス 1983.9

24.『顧客との絆をマネジメントする』
"After the Sales Is Over…" HBR, September-October 1983.
『売り手に欠かせぬ買い手との関係強化』ダイヤモンド・ハーバード・ビジネス 1994.6-7

25.『広告は夢を売るもの』
"Advertising: The Poetry of Becoming" HBR, March-April 1993.
『広告——その幻想と素顔』ダイヤモンド・ハーバード・ビジネス 1993.11

『T.レビット マーケティング論』(有賀裕子/DIAMONDハーバード・ビジネス・レビュー編集部訳、ダイヤモンド社)より

まとめの一言

顧客満足を創るのが企業であることを忘れてしまうから

用語解説

上澄み吸収価格 [Skimming]

新商品を売り出すときの価格戦略。可能な限り高い価格で売り出し、競争相手が現れたら価格を下げる。

NIH(自前主義)

['Not invented here' syndrome]

他社あるいは他部署の考え方ややり方すべてに抵抗を示すこと。

NGO [NGO]

民間非営利団体で、たいてい利他的な目的をもつ。ステークホルダーや企業の社会的責任といった問題に関連する。

オフショアリング [Offshoring]

業務(製造業務が多い)を海外へ移すこと。業務を、国内あるいは海外の企業へ下請けにだすアウトソースとは異なる。

階層的組織 [Hierarchical organizationl]

多くの階層がある組織。ピラミッド型であることが多い。フラット化とはこうした層の一部をなくすこと。

株主価値 [Shareholder value]

より高い株価、より大きな配当、現金の支払いなどによって株主へより大きな利益をもたらすこと。

起業家 [Entrepreneur]

市場が求めるものを供給する役割を担い、利益を得る人。進取の気性があり、リスクを怖れない。

グッドハートの法則 [Goodhart's Law]

指標は目標になってしまうと、人々の活動の焦点を変えてしまうので、役に立たなくなるということ。

クリックス・アンド・モルタル

[Clicks and mortar]

ブリックス・アンド・クリックスを参照。

効率と効果 [Efficiency vs effectiveness]

効率とは時間、金、努力を節約すること(ドラッカーいわく「正しく行う」)。効果とは、目的を達成するた

＊日本語版の刊行にあたり、
原著をもとに内容・構成を変更しております。
(編集部)

めに質の高い仕事をすること(「正しいことを行う」)。

5S [5S]
職場環境の秩序と清潔さを保つための日本のシステム。整理、整頓、清掃、清潔、躾のこと。

コモディティ化 [Commoditized]
商品が製造企業ごとの個性を失い、消費者が値段だけで購買を決定するようになること。

コングロマリット [Conglomerate]
関連性のない企業の集合体で、通常ホールディングカンパニー(持株会社)によって所有される。投資家にはあまり好まれない。

コンバージェンス [Convergence]
1990年代に流行った言葉で、通信、コンピュータ、メディアなどが相互依存を強めること。戦略のコンバージェンスは個々の企業の戦略が徐々に似通ってくることをいう。

参入コスト [Cost of entry]
市場に参入・撤退するためにかかる費用。

参入/撤退障壁 [Barriers to entry / exit]
市場への新規参入、あるいは市場からの撤退を阻む要因。コストやノウハウと関連があるため「参入コスト」となる。

持続的開発 [Sustainable development]
次世代の人々がニーズを満たすことができるよう、大企業が推進することを望まれる行い。おもに環境のことだが、それだけではない。

シナジー [Synergy]
1足す1を3にすること。2つの企業や活動が統合されたときに生まれる(あるいはそう期待される)付加価値。

資本金 [Capital]
利益を生み出すために使われる金融および物理的資産。株式資本や借入資本も含む。投資家は投資した資金に対する収益(資本収益)を期待する。

社外取締役員 [Non-executive director]
役員として企業に雇われていない取締役。独立した立場にある非常勤役員は、株主の利益を代表すると期待される。元社員である非常勤役員は独立した立場にはない。

償却原価 [Amortized cost]
使用されて減った資産の価値を、何年かかけて利益から引いていく。期間が長くなれば、減価償却費は小さくなる。

上場 [Listing]
新規株式公開を参照。

新株発行 [Flotation]
新規株式公開を参照。

新規株式公開 [IPO]
株への投資を初めて公募すること。上場ともいう。

浸透 [Penetration]
市場浸透は新市場に参入すること。浸透価格は消費者需要を獲得するために最初から低価格で売り出すこと。

垂直統合 [Vertical integration]
サプライチェーンに沿って、供給業者(後方統合)や顧客(前方統合)を買収し、管理下に置くこと。

スカンク・ワークス [Skunk works]
企業の厳しいルールに縛られず、しばしば秘密裏に新商品の開発などに携わる専門家で構成される少人数のグループ。

ストリート・ファニチャー [Street furniture]
バス待合所、標識、ベンチ、売店など道路やその近くにあるもので、屋外広告の新しい手段になった。

生産性 [Productivity]
インプットに対するアウトプットの量。一商品を生産するために必要な時間を示すことが多い。生産性の向上は経営陣の最大の関心事のひとつである。

整理統合 [Consolidation]
業界内の大企業が小企業を吸収あるいは排除することによって、企業の数が減ること。

戦略事業単位(SBU) [SBU]
戦略的事業単位。子会社、部門、商品など独自の市場を有し、戦略をもつもの。

多国籍企業 [Multinationals]
複数国で業務を行う企業。いまは「グローバル企業」と呼ばれることを好む企業が多い。

棚卸資産 [Inventory]
まだ販売されていない商品。ある特定の時期に社内にある完成品や未完成品。

単位原価 [Unit costs]
なにか一つを生産するためのコスト。規模の経済では、生産数が増えるほど、単位コストは小さくなると考えられている。

中核事業(コアビジネス) [Core business]
企業の成功の核となる事業。中核商品、中核技術も同様で、決してアウトソースするべきではない。

ディスクロージャー(開示) [Disclosure]
売買活動、財務実績、資産と負債といった情報を株主や関心がある人々に提供する。

ニッチ市場 [Niche]
大市場のなかにある小さな市場。ニッチマーケティングはマスマーケティングよりも顧客対象を絞り込む。

バイラルマーケティング
[Viral marketing]
ウィルスが人から人へ伝わるように、社会的ネットワーク(口コミや電子メール)を通じて、宣伝が伝わるようにするテクニック。伝播が速ければ動きは雪だるま式に大きくなり、遅ければ消えていく。

評価指標 [Metrics]
評価のための指標。

ファンクション(機能) [Function]
販売、製造、マーケティング、人事、財務といった部門のこと。たいがい、それぞれの予算を割り当てられる。

物流 [Logistics]
物資や情報のサプライチェーンを管理することだが、とくに輸送や保管のことを意味する。

フラット化 [Flattening]
階層的組織を参照。

ブリックス・アンド・クリックス
[Bricks and clicks]
ウェブサイトと実店舗を補完的な販売チャネルとして使用すること。クリックス・アンド・モルタルと呼ばれることもある。

ベンチャーキャピタル [Venture capital]
新企業や急成長する若い企業に資金を供給する。ハイリスクでハイリターン。

マスカスタマイゼーション
[Mass customization]
大量生産品を個々の消費者に適応させること。

無相関(相関が無い) [Non-correlated]
企業や投資のそれぞれのサイクルに関連性がないこと。浮き沈みが同時に起こることが少ないので、変動幅を小さくすることができる。

利幅 [Margin]
売上げに対する利益の割合。利幅は大きいほうがいい。

倫理的投資 [Ethical investment]
武器、タバコ関連、環境汚染企業といった〝非倫理的〟企業の株を買わない投資スタイル。コーポレート・ガバナンスも倫理的問題と考える人もいる。

索引

＊日本語版の刊行にあたり、
原著をもとに内容・構成を変更しております。
（編集部）

あ

さ

た

や

ら

エドワード・ラッセル＝ウォリング —— Edward Russell-Walling
著作家および編集者。専門はビジネス、金融、経済。タイムズ紙、ニュー・ステーツマン誌、フィナンシャル・タイムズ紙など様々な新聞や雑誌に寄稿し、多くのビジネス誌を編集した。ロンドン在住。

［翻訳］月沢李歌子 ———— つきさわ・りかこ
津田塾大学卒業。主な訳書に『感動をつくる』（リー・コッカーレル著 ダイヤモンド社）、『ゴールド・スタンダード』（ジョゼフ・ミケーリ著 ブックマン社）、『営業の赤本』（ジェフリー・ギトマー著 日経BP社）、『ディズニーが教えるお客様を感動させる最高の方法』（ディズニー・インスティテュート著 日本経済新聞出版社）などがある。

知ってる？シリーズ
人生に必要な経営50

2010年4月30日初版発行

著者 ———— エドワード・ラッセル＝ウォリング
翻訳 ———— 月沢李歌子

発行者 ———— 千葉秀一
発行所 ———— 株式会社 近代科学社
〒162-0843 東京都新宿区市谷田町2-7-15
TEL 03-3260-6161 振替 00160-5-7625
http://www.kindaikagaku.co.jp

装丁・本文デザイン —— 川上成夫＋宮坂佳枝
キャラクターイラスト —— ヨシヤス
本文イラスト ———— 平山郁子

印刷・製本 ———— 三秀舎

 ISBN978-4-7649-5012-2
定価はカバーに表示してあります。